ALPHABET

ET

PREMIER LIVRE

DE LECTURE,

OUVRAGE APPROUVÉ PAR L'UNIVERSITÉ,
ET L'UN DES CINQ *MANUELS* ADOPTÉS
POUR L'INSTRUCTION PRIMAIRE.

A PARIS,

CHEZ L. HACHETTE,

LIBRAIRE DE L'UNIVERSITÉ ROYALE DE FRANCE,
rue Pierre-Sarrazin, n. 12;
Et chez FIRMIN DIDOT frères, rue Jacob, n. 56.

ALPHABET

ET

PREMIER

LIVRE DE LECTURE

APPROUVÉ

PAR LE CONSEIL ROYAL DE L'INSTRUCTION PUBLIQUE

et l'un des cinq Manuels

SPÉCIALEMENT ADOPTÉS POUR L'INSTRUCTION PRIMAIRE.

PARIS,

CHEZ L. HACHETTE,

LIBRAIRE DE L'UNIVERSITÉ ROYALE DE FRANCE,

RUE PIERRE-SARRAZIN, Nº 12.

—

1838

Tout exemplaire de cet ouvrage non revêtu de ma griffe sera réputé contrefait.

L. Hachette

IMPRIMERIE D'AMÉDÉE GRATIOT ET Cᵉ,
RUE DE LA MONNAIE, 11.

ALPHABET.

—

Ier-EXERCICE.

SONS SIMPLES OU VOYELLES SIMPLES.

A a *a* a-mi.	**Â** â *â*^(*) â-ne.
E e *e* me-su-*re*.	**É** é *é* mé-ri-té.
E è *è* mè-re.	**Ê** ê *ê* mé-ler.
I i *i* mi-di.	**Y** y *y* sy-co-mo-re.
O o *o* po-li.	**Ô** ô *ô* pô-le.
U u *u* bu-tin.	**Û** û *û* bu-che.

* Accent aigu (´); — grave (`); — circonflexe (^).

IIe EXERCICE.

ARTICULATIONS OU CONSONNES SIMPLES.

B b

bom-*be.*

P p

pi-*pe.*

C c

fi-*gue.*

K k

pi-*que.*

Q q

G g

fi-*gue.*

J j

je.

D d

li-qui-*de.*

T t

ten-*te.*

F f

gi-ra-*fe.*

V v

ri-*ve.*

L l

u-ti-*le.*

R r

au-ro-*re.*

M m

da-*me.*

N n

trô-*ne.*

S s

dan-*se.*

Z z

bron-*ze.*

X x

fi-*xe.*

IIIᵉ EXERCICE.

ARTICULATIONS VARIABLES.

C comme S, *devant* e, i, y:

ce-ci, ci-té, cy-gne.

Ç comme S, *devant* a, o, u:

fa-ça-de, fa-çon, re-çu.

G comme j, *devant* e, i, y:

ju-ge rou-gi, É-gyp-te.

GE comme j, *devant* a, o, u, au, oi:

il ran-gea, pi-geon, ga-geu-re, rou-ge-aud, man-geoi-re.

T comme S, *devant* ion, ieux, ient, ial:

na-tion, mi-nu-tieux, pa-tient, mar-tial.

S comme Z, *entre deux voyelles:*

ru-sé, dé-sir, re-po-soir, ro-se.

X comme gs,   **X** comme Z:

ex-em-ple.   ————   di-xi-ème.

H muette,   **H** aspirée,

l'ho-mme.   le ha-nne-ton.

IVe EXERCICE.

ALPHABET USUEL.

A B C D E F G H I
J K L M N O P Q
R S T U V X Y Z.

a b c d e f g h i
j k l m n o p q
r s t u v x y z.

*a b c d e f g h i
j k l m n o p q
r s t u v x y z.*

Ve EXERCICE.

SONS ET ARTICULATIONS COMPOSÉS.

SONS COMPOSÉS DANS LA FORME SEULEMENT.

eu
ne-veu.

ou
hi-bou.

ie
pie.

ue
rue.

an
ma-man.

in
la-pin.

on
sa-von.

un.
cha-cun.

SONS COMPOSÉS OU DIPHTHONGUES.

ia
dia-ble.

ié
a-mi-tié.

io
pio-che.

oi
roi.

ieu
dieu.

ian
vian-de.

ien
bien.

ion
pion.

oin
foin.

oui
oui.

ui
lui.

uin.
juin.

ARTICULATIONS COMPOSÉES DANS LA FORME SEULEMENT.

ch
frau-che.

ph
phi-lo-so-phe.

ill
fill-e.

gn.
bor-gne.

VIᵉ EXERCICE.

SONS SIMPLES PRÉCÉDÉS D'UNE ARTICULATION SIMPLE.

ba	be	bé	bè	bê
ba-lance.	*be*-so-gne.	*bé*-nir.	*bè*-gue.	*bê*-te.

bi	bo	bu	bâ	bû
bi jou.	*bo*-bi-ne.	*bu*-se.	*bâ* ton.	*bû*-che.

pe	pé	pè	pê	pi
pe-sant.	*pé*-ché.	*pè*-re.	*pê*-che.	*pi* lon.

po	pu	pâ	pa	py
po-li.	*pu*-ce.	*pâ*-te.	*pa-pa*.	*py*-ra-mide.

ce	cé	cè	cê	ci
be-sa-*ce*.	*cé*-leri.	*cè*-dre.	*cé*-ne.	*ci*-té.

cy	co	ca	cu	câ
cy-gne.	*co*-ton.	*ca*-fé.	*cu*-ve.	*câ*-ble.

ka	ki	ky	ko	qui	que
Mo-*ka*.	*ki*-lo-gra-mme.	*hy*-riel-le.	*Ko*-ran.	*qui*.	*que*.

gâ	ga	gé	gè	gê
gâ-teau.	*ga*-ge.	con-*gé*.	n é-na-*gè*-re.	*gê*-ne.

ge	gi	go	gu	gî
ge-nou.	*gi*-ber-ne.	*go*-det.	lé-*gu*-me.	*gî*-te.

jo	ju	ja	je	jé
jo-li.	ju-pon.	ja-mais.	je-ter.	Jé-sus.
di	do	dy	du	de
di-re.	a-do-rer.	dy-na-stie.	du-pe.	din-de.
da	dé	dê	dè	dô
da-me.	dé-mon.	dia-dé-me.	mo-dè-le.	dô-me.
ta	ti	to	ty	tu
ta-pa-ge.	par-ti.	to-tal.	ty-ran.	tu-teur.
te	tâ	té	tô	tê
fon-te.	tâ-che.	vé-ri-té.	tô-le.	té-te.
fu	fâ	fe	fa	fé
fu-mée.	in-fâ-me.	fe-nê-tre.	fa-tal.	ca-fé.
fè	fê	fi	fo	va
fè-ve.	fé-te.	fi ler.	fo-lie.	va-ni-té.
vo	vi	vu	ve	vé
vo-leur.	vi-ce.	pour-vu.	ve-nir.	vé-ri-té.
vê	le	la	lé	lè
vé-pres.	le-çon.	la-me.	lé-ger.	é-lè-ve.
lo	li	ly	lu	lâ
lo-ge.	li-re.	ly-re.	lu-miè-re.	lâ-che.
re	ri	ro	ry	ru
re-di-re.	ri-deau.	ro-se.	Ber-ry.	ru-mi-ner.
râ	ra	ré	rê	rô
râ-le.	ru-re.	ju-ré.	rê-ve.	rô-ti.

1*

me	mé	mè	mê	mi
la-*me*.	*mé*-chant.	*mè*-te.	*mê*-me.	a-*mi*.

mo	my	mu	mâ	ma
mo-de.	*my*-o-pe.	*mu*-tin.	*mâ*-le.	*ma*-tin.

nè	ni	no	nu	ne
nè-gre.	*ni*-che.	*no*-te.	*nu*-que.	*ne*-veu.

na	né	su	sa	se
na-cre.	*né*-go-ce.	*su*-cre.	*sa*-ge.	*se*-mis.

sé	sè	si	so	sy
sen-*sé*.	*sè*-ve.	*si*-len-ce.	*so*-li-de.	*Sy*-rie.

zé	zo	zè	zu	ze
zé-ro.	*zo*-dia-que.	*zè*-le.	a-*zu*-ré.	ga-*ze*.

zi	za	zy	xa	xé
zi-za-nie.		a-*zy*-ne.	(il)fi-*xa*.	ta-*xé*.

cha	che	châ	ché	chè
cha-ri-té.	*che*-val.	*châ*-ti-ment.	*ché*-rir.	*chè*-vre

chi	chê	cho	chu	chy
chi ca-ne.	*chê*-ne.	*cho*-se.	*chu*-te.	*chy*-le.

phi	phe	pha	pho	phé
phi-lo-so-*phe*.		*pha*-re.	*pho*-que.	*phé*-nix.

phè	phy	gna	gné	gno
pro-*phè*-te.	*phy*-si-que.	i-*gna*-re.	ro-*gné*.	i-*gno*-ble.

veu   dou   rué   tie   tan

che-*veu*.   *dou*-te.   *rue*.   or-*tie*.   *tan*-te.

tin   ron.

mu-*tin*.   *ron*-de.

VIIe EXERCICE.

SONS SIMPLES SUIVIS D'UNE ARTICULATION SIMPLE.

ab   ac   ad   al

ab-solu.   *ac*-tif.   *ad*-mi-rer.   *al*-ma-nach.

ar   at   el   er

ar-gent.   *at*-mo-sphè-re.   *el*-le.   *er*-got.

es   if   ir   il

es-car-got.   *if*.   *Ir*-lan-de.   *il*.

is   ob   oc   op

Is-lan-de.   *ob*-jet.   *oc*-to-bre.   *op*-ter.

or   os   ul   ur

or-di-nai-re.   *os*.   *ul*-cè-re.   *ur*-ne.

us:

us-ten-si-le.

VIIIᵉ EXERCICE.

SONS SIMPLES , PRÉCÉDÉS ET SUIVIS D'UNE ARTICULATION.

bal	bac	bar	bas	ber
bal-con.	*bac*.	*bar*-que.	*bas*-cu-le.	*ber*-ger.

bel	bec	bes	bir	bil
bel-li-queux.	*bec*.	*bes*-tiaux.	su-*bir*.	*bil*-bo-quet.

bis	bor	bol	bos	beu
bis-cuit.	*bor*-ne.	*bol*.	*bos*-quet.	*beu*-g'er

bur	bul	bus	bud	bour
bur-les-que.	*bul*-be.	*bus*-te.	*bud*-get.	*bour*-se.

pac	pal	par	pas	pec
pac-te.	*pal*-me.	*par*-don.	*pas*-teur.	*pec*-to-ral..

pel	per	pes	pir	pis
pel-le.	*per*-te.	*pes*-te.	sou-*pir*.	*pis*-to-let.

pol	por	pos	pul	pur
pol-tron.	*por*-te.	*pos*-te.	*pul*-pe.	*pur*-ger.

pill	pour	peur	poir	pier
pill-a ge.	*pour*.	*peur*.	es-*poir*.	*pier*-re.

cal	cap	car	cep	cer
cal-me.	*cap*-tif.	*car*-te.	*cep*.	*cer*-tain.

cir	col	coq	cor	cul
cir-cuit.	ré-*col*-te.	*coq*.	*cor*-de.	*cul*-ti-ver.

quar   quel   ques   quil   queur

quar-tier.   *quel.*   *ques*-tion.   *qu'il.*   li-*queur.*

gal   gar   gas   gel   ger

ré-*gal.*   *gar*-de.   *gas*-pill-er.   dé-*gel.*   *ger*-me.

ges   gus   gym   jar   jus

ges-te.   dé-*gus*-ter.   *gym*-na-se.   *jar*-din.   *jus*-te.

dar   der   des   det   dic

dar-der.   *der*-nier.   *des*-po-te.   *det*-te,   *dic*-ter.

dir   dif   dor   duc   dur

bon-*dir.*   tar-*dif.*   *dor*-mir.   a-que-*duc.*   *dur*-cir.

tac   tal   tar   tel   ter

tac-ti-que.   mé-*tal.*   *tar*-der.   au-*tel.*   [*ter*-nir.

tes   til   tir   toc   tor

tes-ta-ment.   sub-*til.*   par-*tir.*   *toc*-sin.   *tor*-dre.

fac   fal   far   fer   fes

fac-tieux.   *fal*-si-fier.   *far*-ce   *for*-mer.   *fes*-tin.

fil   for   ful   fur   fuir

fil-tre.   *for*-ce.   *ful*-mi-ner.   *fur*-tif.   s'en-*fuir.*

vac   val   vas   ver   ves

vac-ci-ne.   che-*val.*   *vas*-te.   *ver*-tu.   *ves*-te,

vel   vic   vif   vil   vir

nou-*vel.*   *vic*-toi-re.   *vif.*   *vil.*   *vir*-gu-le.

lac	lar	lec	les	lic
lac.	*lar*-ge.	*lec*-tu-re.	*les*-te.	*lic*-teur.

lir	ler	lor	leur	lour
po-*lir.*	a-*ler*-te.	*lor*-gner.	*leur.*	*lour*-de.

rec	res	rir	roc	rus
di-*rec*-teur.	*res*-te.	mou-*rir.*	*roc.*	*rus*-ti-que.

mal	mar	mer	mel	mir
a-ni-*mal.*	*mar*-teau.	*mer*-le.	fe-*mel*-le.	dor-*mir.*

mor	mul	mour	moir	meur
mor-tel.	*mul*-ti-tu-de.	a-*mour.*	se-*moir.*	*meur*-tre.

nal	nar	ner	nif	nor
jour-*nal.*	*nar*-ci-sse.	*ner*-veux.	ca-*nif.*	*nor*-mand.

nir	nul	nel	neur	noir
jau-*nir.*	*nul.*	é-ter-*nel.*	tour-*neur.*	*noir.*

sac	sal	sar	sec	ser
sac.	*sal*-pê-tre.	*sar*-cler.	*sec.*	*ser*-pe.

sif	sir	soc	sol	sor
pen-*sif.*	*sir*-tes.	*soc.*	*sol.*	*sor*-tir.

sub	suc	sud	sur	seul
sul-ve-nir.	*suc.*	*sud.*	*sur*-pri-se.	*seul.*

zes	zig	zag	zur	xeur
zes-te.	*zig* - *zag.*		a-*zur.*	bo-*xeur.*

char   chas   chef   cher   cheur

char-bon.   *chas*-te.   *chef*.   *cher*.   mar-*cheur*.

phar   gnal   gnol   gneul.

phar-ma-cie. si-*gnal*. ro-ssi-*gnol*. é-pa-*gneul*.

IXe EXERCICE.

ARTICULATIONS DOUBLES.

ARTICULATIONS DOUBLES ÉQUIVALANT A UNE ARTICULATION SIMPLE.

bb   pp   cc   gg   tt

a-*bbé*.   a-*ppe*l.   a-*cca*-blé. a-*ggra*-ver. a-*tten*-tif.

ff   ll   rr   mm   nn

o *ffr*ir.   vi-*lla*-ge.   ba-*rre*.   ho-*mme*.   bo-*nne*.

ss   cq   sc *devant* e, i, y.

a-*ssu*-re. a-*cqué*-rir. *scè*-ne. *sci*-er, *Scy*-the.

ARTICULATIONS DOUBLES, QUI SE PRONONCENT TOUTES DEUX.

bl   br   pl   pr   cl

ta-*ble*.   so-*bre*.   peu-*ple*.   pro-*pre*.   on-*cle*.

cr   gl   gr   dr   tl

en-*cre*.   on-*gle*.   nè-*gre*.   ca-*dre*.   a-*tlas*.

tr   fl   fr   vr.

maî-*tre*.   nè-*fle*.   sou-*fre*.   li-*vre*.

SC *devant* a, o, u :

scan-da-le.   scor-but.   sculp-ter.

sl	sp	st	phr	sph.
sla-ve.	spec-tre.	st-re.	cam-*phre*.	sph-e.

Xe EXERCICE.

SONS SIMPLES PRÉCÉDÉS D'UNE ARTICULATION DOUBLE.

bla	ble	blé	blê	bli
sem-*bla-ble*.		*blé*.	*blé*-me.	ou-*bli*.

blo	blu	bre	bré	brè
blo-quer.	*blu*-toir.	om-*bre*.	a-*bre*-ger.	*brè*-che.

bri	bro	bru	bra	pla
bri-que.	*bro*-der.	*bru*-tal.	*bra*-ve.	*pla*-ce.

plé	plè	pli	plo	plu
dé-ca-*plé*.	*ple*-vre.	em-*pli*.	im-*plo*-rer.	*plu*-me.

pra	pre	pré	prê	pri
pra-ti que.	*pre*-mier.	*pré*-voir.	*pré*-tre.	*pri*-è-re.

pro	pru	cla	cle	cli
pro b'è-me.	*pru*-ne.	*cla*-meur.	ob-sta-*cle*.	*cli*-mat.

clo	clô	clu	clé	cra
clo-che.	*clô*-tu-re.	con *clu*.	*clé*-ment.	*cra*-paud.

cri cro cru cré crê

é-cri-tu-re. cro-chet. cru-che. cré-dit. cré-pe.

gla gli glu gle glé

gla-ce. gli-sser. glu-ter. san-gle. é-tran-glé

glè glo gri gru gre

glè-be. glo-be. gri-ve. gru-ger. mai-gre.

gré grè gra grâ grê

a-gré-a-ble. grè-ve. gra-ver. grâ-ce. grê le.

dra dro drô dru dre

dra-gée. dro-gue. drô-le. dru. fou-dre.

drê dré dri tre tré

drê che. pou-dré. a-tten-dri. mon-tre. tré-sor.

trè tro trô tru tra

trè-fle. tro-phée. trô-ne. ven-tru. tra-me.

tri fla flé flè flo

tri-co-ter. fla-con. flé-chir. flè-che. flo-con.

fli flu frè frê fro

in-fli-ger. flu-et. frè-re. fré-ne. fro-ma-ge

fra fri fru fre fré

fra-cas. fri-mas. fru-gal. sou-fre. fré-mir.

vré vre vro vra vri

re-cou-vré. pau-vre. che-vro-ter. ou-vra-ge. a-ppau-vri.

sco　　sca　　sphè　　spo　　spa

sco-¹aire. sca-pu–lai-re. sphè-re. spo-lier. spa-tu le.

spi　　spé　　spu　　sìè　　sto

spi-ra-le. spé c¹al. con–spu-er. sìè-re. sto-re.

sta　　sti　　sté　　sty　　stu

sta-tion. sti-mu-ler. sté-ri-le. sty-le. stu-dieux.

phra　　　phré　　　phre　　　phry.

phra-se. phré-né-sic. cau.-phre. Phry-gie.

SONS SIMPLES SUIVIS D'UNE ARTICULATION DOUBLE.

act　　ars　　ect　　erf　　urc

ex-act. mars. co-rrect. cerf. Turc.

usc　　isc　　arc　　est　　ours.

busc. fisc. arc. nord-est. ours.

SONS SIMPLES PRÉCÉDÉS D'UNE ARTICULATION TRIPLE.

scru　　scri　　scro　　scrip

scru-tin. scri-be. scro-fu-¹eux. in-scrip-tion.

stra　　stro　　stru　　splen.

stra-ta-gème. stro-phe. struc-tu-re. splen-deur.

XIe EXERCICE.

MOTS DANS LESQUELS LES ARTICULATIONS FINALES NE SE PRONONCENT PAS.

plomb. drap. loup. coup. es-to-mac.
plom. dra. lou. cou. es-to-ma.

blanc. ta-bac. jonc. clerc. cinq pas.
blan. ta-ba. jon. cler. cin-pa.

poing. long. rang. sang. seing. chaud.
poin. lon. ran. san. sein. chau.

sourd. lard. art. a-ccord. vert. gond.
sour. lar. ar. a-ccor. ver. gon.

lourd. muid. cho-co-lat. grabat. bout.
lour. mui. cho-co-la. gra-ba. bou.

saint. pont. fort. tort. peint. dé-faut.
sain. pon. for. tor. pein. dé-fau.

nuit. nerf. ou-til. fu-sil. ba-ril. gril.
nui. ner. ou-ti. fu-si. ba-ri. gri.

gentil. fils. mon-sieur. jus. bras. mais.
gen-ti. fis. mo-ssieu ju. bra. mai.

gens. ta-pis. le Mans. biches. riz. flux.
gen. ta-pi. le Man. biche. ri. flu.

paix. noix. voix. heu-reux. choux. toux.
pai. noi. voi. heu-reu. chon. tou.

corps. ex-empt. francs. al-ma-nach.
cor. ex-em. fran. al-ma-na.

in-stinct. ha-rengs. vingt. fonds. Goth.
in-stin. ha-ren. vin. fon. Go.

pouls. faulx. (ils) pen-sent. Christ.
pou. fau. (il) pen-se. Chri.

XIIe EXERCICE.

LIAISON DE MOTS.

gran-*de* a-ffai-re.   grand-ho-mme.   ran*g*
gran-da-ffai-re.   gran-tho-mme.   ran-

é-le-vé.   vou*s* ê-te*s* ai-ma-ble.   bo*n* a-mi.
kè-le-vé.   vou-zê-te-zai-ma-ble.   bo-na-mi.

bon*s* a-mis.   i*n*-oc-ta-vo.   a-llan*t* au pas.
bon-za-mis.   i-no-cta-vo.   a-llan-tau-pas.

voi-si*n* in-fir-me.   hon-teu*x* et con-fus.
voi-zin-nin-fir-me.   hon-teu-zet-con-fus.

je sui*s* en bu-*tte* au*x* in-ju-res. c'est a-ssez.
je sui-zen-bu-ttau-zin-ju-res.   c'es-ta-ssez.

tro*p* in-jus-te. il*s* on*t* eu. mar-chan*d* am-
tro-pin-jus-te.   il-zon-tu.   mar-chan-tam-

bu-lant   sour*d* aux dis-cours. ce puit*s* est
bu-lant.   sour-taux dis-cours.   ce pui-zest-

pro-fond. met*s* ex-cel-lent. ils ai-men*t* à
pro-fond   met-zex-cel-lent.   il-zai-me-ta-

par-ler. li-*re* à hau-te voix.
par-ler.   li-ra hau-te voix.

L'APOSTROPHE.

l'a-mi. l'u-nion. qu'il. qu'el-le. lors-qu'on.
le a-mi.   la u-nion.   que il.   que e-lle.   lors-que on.

c'est. j'ai-me. s'o-ccu-per.
ce est. je ai-me. se o-ccu-per.

PRINCIPAUX SIGNES DE LA PONCTUATION.

.　,　;　:　!　?　( )　« »

Le point, la virgule, le point et virgule, les deux points, le
point d'exclamation, le point d'interrogation, les parenthèses, les
guillemets.

XIIIᵉ EXERCICE.

SONS ÉQUIVALENTS.

sons simples.			sons simples.		
e	peu-ple.	heu-re.	an	mem-bre.	em-pire.
e	sœur.	cœur.	an	len-teur.	ten-te.
é	j'ai-mai.	j'u-sai.	in	im-pur.	lim-pi-de
é	sou-per.	di-ner.	in	sym-bo-le.	tym-pan.
è	ai-de.	ba-lai.	in	syn-dic.	syn-co-pe.
è	rei-ne.	vei-ne.	in	daim.	faim.
è	le dey.	le bey.	in	pain.	le-vain.
è	ca-det.	bud-get.	in	mien.	rien.
ô	au-tre.	au-be.	in	frein.	sein.
ô	ba-teau.	man-teau	on	nom-bre.	tom-be.
an	cham-bre.	lam-pe.	un	par-fum.	à jeun.

seu-le.	ma-jeu-re.	chœur.	mœurs.
je rô-dai.	j'au-rai.	mai.	es-sai.
ba-lei-ne.	Jer-sey.	bau-det.	bre-vet.
mau-ve.	peau.	jam-be.	ren-te.
im-bu.	syn-taxe.	es-saim.	main.
tien.	pein-tre.	tein-dre.	bom-be.

XIVe EXERCICE.

VALEUR EXCEPTIONNELLE DE QUELQUES LETTRES.

c pour g	se-con d. se-gond.		S pour Z	bal-*sa*-mi-ne. bal-za-mi-ne.
ch pour c	ar-*chan*-ge. ar-can-ge.		t pour S	Égyptien. É-gyp-sien.
ch pour g	drach-me. drag-me.		tz pour SS	Metz Mes-se.
d pour t	il ren*d* à Dieu. il ren-ta Dieu.		x pour SS	Au-*x*o-nne. Au-sso-nne.
e pour a	i-nno-cent. i-no-çant.			
il pour ill	tra-va*il*. tra-vaill-e.		y pour ii	ci-toy-en. ci-toi-ien.
ill pour y	fa m*ill*-e. fa-my-e.		z pour S	Ro-dez. Ro-dès.

*ch*a-os.   pru-d*en*t.   so-le*il*.   mou*ill*-é.
ca-os,   pru-dant   so-leill-e.   mou-yé.

ba*ill*-er. Al-*sa*-ce. mar-*t*ial. Bru-*x*el-les.
ba-yer. Al-za-ce. mar-sial. Bru-ssel-les.

Au-*x*er-re. vo*y*-a-geur. San-chez.
Au-sser-re. voi-ia-geur. San-chès.

SONS QUI NE SE PRONONCENT PAS.

a dans Sa*ô*-ne. Sô-ne.	taon. tan.		O dans laon. lan.	paon. pan.	faon. fan.
e dans Caen. Can.	a-sseoir. a-ssoir.		u dans que. ke.	qui. ki.	quel. kel.

LECTURE COURANTE.

MAXIMES EXTRAITES DE LA BIBLE.

Sou-ve-nez-vous de vo-tre Cré-a-teur pen-dan*t* les jours de vo-tre jeu-nes-se, a-van*t* que le tem*ps* de l'a-fflic-tion soit a-rri-vé.

Le Sei-gneur con-ser-ve ceu*x* qui on*t* le cœur droi*t*, et il pro-té-ge ceu*x* qui mar-che*nt* dans la sim-pli-ci-té.

La crain-te du Sei-gneur es*t* le co-mmen-ce-men*t* de la sa-ges-se.

Le sa-ge crain*t* le mal et s'en dé-tour-ne; l'in-sen-sé pa-sse ou-tre, et se croit en sû-re-té.

Mon fi*ls*, gar-dez ma loi et ob-ser-vez mes con-sei*ls*, ils se-ron*t* la vie de vo-tre â-me; et vou*s* ne

crain-drez point du-rant vo-tre
so-mmeil; vous re-po-se-rez
tran-qui-lle-ment et dou-ce-ment;

Car le Sei-gneur se-ra à vos
cô-tés; il con-dui-ra vos pieds,
et vous em-pê-che-ra de tom-ber
dans les pié-ges.

Le mé-chant fuit sans être pour-
sui-vi par per-so-nne; mais le jus-te
est har-di co-mme un lion, et ne
craint rien.

Mon fils, ne re-je-tez point la co-
rrec-tion du Sei-gneur, et ne tom-
bez point dans l'a-ba-tte-ment lorsqu'il vous a châ-tié,

Car le Sei-gneur châtie ce-lui qu'il
ai-me, et se com-plaît en lui co-mme
un pè-re dans son fils.

Les pen-sées mau-vai-ses sont en
a-bo-mi-na-tion au Sei-gneur; la pa-
ro-le pu-re lui se-ra très-a-gréa-ble.

L'in-sen-sé a dit dans son cœur :
il n'y a point de Dieu.

L'im-pie se-ra in-ter-ro-gé sur ses pen-sées, et ses dis-cours mon-te-ront jus-qu'à Dieu, qui les en-ten-dra pour le pu-nir de son i-ni-qui-té.

Le mé-chant dis-pa-raî-tra co-mme u-ne tem-pête qui pa-sse.

Le cœur de l'in-sen-sé est co-mme un va-se rom-pu ; il ne peut rien re-te-nir de la sa-ges-se.

SUITE DES MAXIMES.

Un che-val in-domp-té de-vient in-trai-ta-ble, et l'en-fant a-ban-don-né à sa vo-lon-té de-vient in-so-lent.

Le fils qui est sa-ge est la joie du pè-re ; le fils in-sen-sé est la tris-tes-se de sa mè-re.

Ce-lui qui hait la ré-pri-man-de mar-che sur les tra-ces du méchant.

L'in-sen-sé se mo-que de la co-rrec-tion de son pè-re ; mais ce-lui qui se rend au châ-ti-ment de-vien-dra plus sa-ge.

E-cou-tez, en-fants, les a-vis de

vo-tre pè-re, et sui-vez-les, a-fin
que vous so-yez sau-vés.

Ce-lui qui craint le Sei-gneur ho-
no-re-ra son pè-re et sa mè-re, et il
ser-vi-ra co-mme ses maî-tres ceux
qui lui ont do-nné la vie.

Ce-lui qui ho-no-re son pè-re trou-
ve-ra sa joie dans ses en-fants ; et il
se-ra ex-au-cé au jour de sa pri-è-re.

Ce-lui qui ho-no-re sa mè-re est
co-mme un ho-mme qui a-ma-sse un
tré-sor.

La bé-né-dic-tion du pè-re a-ffer-
mit la mai-son des en-fants, et la
ma-lé-dic-tion de la mè-re la détruit jus-qu'aux fon-de-ments.

SUITE DES MAXIMES.

Gar-dez la fi-dé-li-té à vo-tre a-mi
pen-dant qu'il est pau-vre, a-fin que
vous vous ré-joui-ssiez a-vec lui
dans son bon-heur.

Ne di-tes point à vo-tre a-mi : *A-llez,
et re-ve-nez, je vous do-nne-rai de-main,*
si vous pou-vez lui do-nner sur-le-champ.

Il est bon que vous a-ssis-tiez le jus-
te, mais ne re-ti-rez pas non plus vo-tre
main de ce-lui qui n'est pas jus-te; car
ce-lui qui craint Dieu ne né-gli-ge rien.

Si vo-tre en-ne-mi a faim, do-nnez-
lui à man-ger; et s'il a soif, do-nnez-lui
à boi-re : le Sei-gneur vous le ren-dra.

Mon fils, ne pri-vez pas le pau-vre
de son au-mô-ne, et ne détournez pas
vos yeux de lui;

Ne mé-pri-sez pas ce-lui qui a faim,
et n'ai-gri-ssez pas le pau-vre dans son
indigence;

Ne re-je-tez pas la pri-è-re de l'af-
ffli-gé, et ne dé-tour-nez pas vo-tre
vi-sa-ge du pau-vre,

Et le Très-Haut aura com-pa-ssion
de son fils plus qu'u-ne mè-re n'a com-
pa-ssion de son fils.

La pri-è-re du pau-vre s'é-lè-ve-ra de
sa bou-che jus-qu'aux o-reill-es de Dieu,
et il se hâ-te-ra de lui fai-re jus-ti-ce.

SUITE DES MAXIMES.

Ne fuy-ez pas les ou-vra-ges pé-ni-
bles, ni le tra-vail de la cam-pa-gne, qui
a é-té in-sti-tué par le Très-Haut.

Jus-qu'à quand dor-mi-rez-vous, pa-res-seux? Quand vous é-veill-e-rez-vous?

Vous dor-mi-rez un peu ; vous join-drez vos mains l'u-ne dans l'au-tre pour vous en-dor-mir ; et ce-pen-dant l'in-di-gen-ce vien-dra co-mme un ho-mme qui mar-che à grands pas, et la pau-vre-té, co-mme un ho-mme ar-mé, se sai-si-ra de vous.

Par-tout où l'on tra-vaill-e , là est l'a-bon-dan-ce ; mais, où l'on par-le beau-coup , l'in-di-gen-ce se trou-ve souvent.

La vie de ce-lui qui se con-ten-te de ce qu'il ga-gne par son tra-vail sera rem-plie de dou-ceur ; et en vi-vant ain-si, vous trou-ve-rez un tré-sor. Le bien a-ma-ssé à la hâ-te di-mi-nuera ; ce-lui qui se re-cueill-e à la main et peu à peu, se mul-ti-plie-ra.

Peu, a-vec la crain-te de Dieu, vaut mieux que de grands tré-sors qui ne ra-ssa-sient point : peu, a-vec la jus-ti-ce, vaut mieux que de grands biens a-vec l'i-ni-qui-té.

Le pau-vre qui se su-ffit à lui-mê-me vaut mieux qu'un ho-mme glo-ri-eux qui n'a point de pain.

DIEU.

Dites-moi, mes chers enfants, qui nous ramène les fleurs du printemps et les fruits de l'automne? Qui ordonne au soleil d'éclairer nos travaux, de réchauffer nos membres, et de mûrir nos moissons; à la lune de nous inviter au repos par le calme et la fraîcheur des nuits? Ce n'est pas vous, avec votre faiblesse, qui pourriez créer de tels prodiges; ni votre père, quoique plus grand et plus habile que vous; ni le roi le plus puissant du monde. Mais c'est le père de tous les hommes, le roi de l'univers. Dieu seul pouvait opérer ces merveilles de bonté et de sagesse. Aussi, tout reconnaît sa puissance : les peuples les plus ignorants et les plus sauvages ont toujours adoré la présence de Dieu dans ses œuvres, dans le jour qui nous éclaire, dans l'air que nous respirons, dans le brin d'herbe que nous foulons sous nos pas; car Dieu est par tout.

2*

DE LA PIÉTÉ.

Le pauvre bénit la main charitable qui lui donne le pain de l'aumône. Le malheureux aime ceux qui le consolent dans son affliction. Les animaux eux-mêmes, privés de raison, nous donnent l'exemple de la reconnaissance pour le maître qui les nourrit. Comment n'aimerions-nous pas Dieu de tout notre cœur? Car ce n'est pas pour nous un bienfaiteur ordinaire : il nous donne le pain de chaque jour ; il prend pitié de notre douleur, exauce nos prières, et sèche nos larmes. Et, pour prix de ses bienfaits, il ne nous demande autre chose que de connaître et de pratiquer nos devoirs, c'est-à-dire d'assurer, par une conduite honnête et pure, notre bonheur pour toujours.

L'impiété serait donc tout à la fois de l'ingratitude et de la folie.

DE LA CONSCIENCE.

Enfants, la première fois que vous avez commis une faute, désobéi à vos parents, ou proféré un mensonge, avez-vous senti le rouge vous monter au visage, et, au dedans de vous-mêmes, n'avez-vous pas entendu une voix qui vous grondait tout bas?

C'est Dieu qui vous parlait dans votre conscience; respectez donc toujours cette voix sainte. Elle vous dit à chaque instant du jour : « Sois bon et juste avec les autres, comme Dieu est juste et bon avec toi. »

Et pour vous rendre votre tâche plus facile, il a placé autour de vous comme une autre conscience que vous pouvez aussi consulter avec fruit. Ce sont les bons exemples des honnêtes gens, les leçons salutaires de l'instituteur qui forme votre esprit, les conseils respectables du bon prêtre qui vous dirige, et surtout la tendresse éclairée d'un père et d'une mère qui doivent compte à Dieu de votre éducation et de votre conduite.

DE L'AMOUR QU'ON DOIT A SES PARENTS.

O mes parents, après Dieu, c'est à vous que je dois la vie. Pour nourrir votre enfant, vous avez arrosé la terre

de vos sœurs. Vous m'avez donné
l'exemple du travail, de la piété, de la
tempérance, et vous m'envoyez assidû-
ment à l'école pour y lire des préceptes
de vertu. Le ciel bénira vos soins : encore un peu de temps, et mes bras vont
prendre assez de vigueur pour aider les
vôtres. Un jour, quand vous me verrez
docile à vos désirs, plein de respect et
de reconnaissance pour ma mère et pour
vous, vous serez content de votre ouvrage, et moi, combien serai-je heureux
de votre bonheur !

Un voyageur trouva, pendant l'hiver,
un serpent engourdi par le froid. Pau-
vre serpent ! dit-il, et il le réchauffa
dans son sein. Le serpent, rendu à la
vie, mordit son bienfaiteur : c'est l'image
d'un fils ingrat.

Si je rencontre un serpent dans les
bois, je lui écraserai la tête ; mais
je respecterai la cigogne qui porte la
nourriture à son vieux père dans son
nid, quand l'âge le rend incapable de
la trouver lui-même.

PRIÈRES

A L'USAGE DES CATHOLIQUES.

Au nom du Père, et du Fils, et du Saint-Esprit. Ainsi soit-il.

In nomine Patris, et Filii, et Spiritûs sancti. Amen.

L'ORAISON DOMINICALE.

Notre Père, qui êtes dans les cieux, que votre nom soit sanctifié, que votre règne arrive, que votre volonté soit faite en la terre comme au ciel; donnez-nous aujourd'hui notre pain quotidien, et pardonnez-nous nos offenses, comme nous pardonnons à ceux qui nous ont offensés; et ne nous abandonnez point à la tentation, mais délivrez-nous du mal. Ainsi soit-il.

Pater noster qui es in cœlis, sanctificetur nomen tuum : adveniat regnum tuum ; fiat voluntas tua, sicut in cœlo et in terrâ. Panem nostrum quotidianum da nobis hodie, et dimitte nobis debita nostra, sicut et nos dimittimus debitoribus nostris. Et ne nos inducas in tentationem : sed libera nos a malo. Amen.

LA SALUTATION ANGÉLIQUE.

Je vous salue, Marie, pleine de grâce, le Seigneur est avec vous, vous êtes bénie entre toutes les femmes, et Jésus, le fruit de vos entrailles, est béni.

Sainte Marie, mère de Dieu, priez pour nous pauvres pécheurs, maintenant et à l'heure de notre mort. Ainsi soit-il.

Ave, Maria, gratiâ plena ; Dominus tecum, benedicta tu in mulieribus, et benedictus fructus ventris tui, Jesus.

Sancta Maria, mater Dei, ora pro nobis peccatoribus, nunc et in hora mortis nostræ. Amen.

LE SYMBOLE DES APÔTRES.

Je crois en Dieu le Père tout-puissant, créateur du ciel et de la terre : et en Jésus-Christ, son Fils unique, notre Seigneur : qui a été conçu du Saint-Esprit, est né de la Vierge Marie, a souffert sous Ponce Pilate, a été crucifié, est mort et a été enseveli ; est descendu aux enfers, et est ressuscité des morts le troisième jour : est monté aux cieux, et est assis à la droite de Dieu le Père tout-puissant, d'où il viendra juger les vivants et les morts.

Je crois au Saint-Esprit, la sainte Eglise catholique, la communion des saints, la rémission des péchés, la résurrection de la chair, la vie éternelle. Ainsi soit-il.

Credo in Deum, Patrem omnipotentem, creatorem cœli et terræ : et in Jesum Christum Filium ejus unicum, Dominum nostrum, qui conceptus est de Spiritu sancto, natus ex Mariâ Virgine, passus sub Pontio Pilato, crucifixus, mortuus et sepultus: descendit ad inferos : tertiâ die resurrexit a mortuis : ascendit ad cœlos, sedet ad dexteram Dei Patris omnipotentis: inde venturus est judicare vivos et mortuos.

Credo in Spiritum sanctum, sanctam Ecclesiam catholicam, sanctorum communionem, remissionem peccatorum, carnis resurrectionem, vitam æternam. Amen.

LA CONFESSION DES PÉCHÉS.

Je me confesse à Dieu tout-puissant, à la bienheureuse Marie toujours vierge, à saint Michel archange, à saint Jean-Baptiste, aux apôtres saint Pierre et saint Paul, à tous les saints, parce que j'ai beaucoup péché, par pensées, par paroles et par actions ; j'ai péché par ma faute, par ma faute, par ma très-grande faute. C'est pourquoi je supplie la bienheureuse Marie toujours vierge, saint Michel Archange, saint Jean-Baptiste, les apôtres saint Pierre et saint Paul, tous les saints, de prier pour moi le Seigneur notre Dieu.

Confiteor Deo omnipotenti, beatæ Mariæ semper virgini, beato Michaeli archangelo, beato Joanni Baptistæ, sanctis apostolis Petro et Paulo, omnibus sanctis : quia peccavi nimis cogitatione, verbo et opere, meâ culpâ, meâ culpâ, meâ maximâ culpâ. Ideo precor beatam Mariam semper virginem, beatum Michaelem archangelum, beatum Joannem Baptistam, sanctos apostolos Petrum et Paulum, omnes sanctos, orare pro me ad Dominum Deum nostrum.

LES COMMANDEMENTS DE DIEU.

Un seul Dieu tu adoreras,
Et aimeras parfaitement.
Dieu en vain tu ne jureras,
Ni autre chose pareillement.

Les dimanches tu garderas,
En servant Dieu dévotement.
Tes père et mère honoreras,
Afin de vivre longuement.
Homicide point ne seras,
De fait ni volontairement.
Luxurieux point ne seras,
De corps ni de consentement.
Le bien d'autrui tu ne prendras,
Ni retiendras à ton escient.
Faux témoignage ne diras,
Ni mentiras aucunement.
L'œuvre de chair ne désireras,
Qu'en mariage seulement.
Biens d'autrui ne convoiteras,
Pour les avoir injustement.

LES COMMANDEMENTS DE L'ÉGLISE.

Les dimanches messe ouïras,
Et les fêtes pareillement.
Les fêtes tu sanctifiéras,
Qui te sont de commandement.
Tous tes péchés confesseras,
A tout le moins une fois l'an.
Ton Créateur tu recevras,
Au moins à Pàques humblement.
Quatre-temps, Vigiles, jeûneras,
Et le Carême entièrement.
Vendredi chair ne mangeras,
Ni le Samedi mêmement.

PREMIER

LIVRE DE LECTURE.

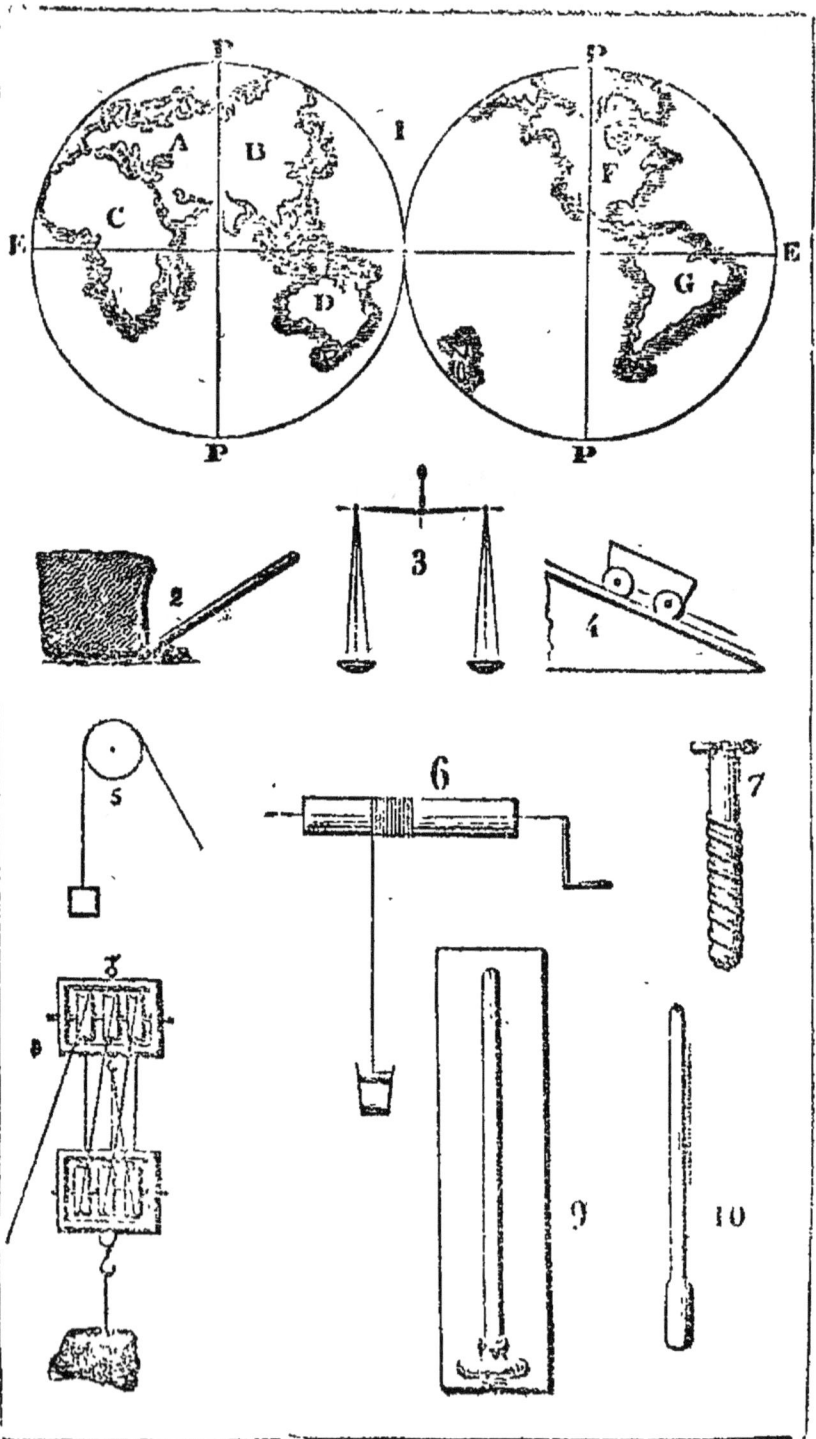

HISTOIRE GÉNÉRALE
DES HOMMES.

—

1re LEÇON.

Depuis que les hommes ont été créés, il s'en faut bien qu'ils aient toujours été bons et sages : l'histoire du genre humain ne nous présente que trop d'exemples de folie et de perversité. Dieu, il est vrai, nous a donné une conscience pour nous faire reconnaître le bien et le mal ; mais nous portons en nous des passions qui souvent combattent les bons conseils de notre conscience. Il a voulu, par là, que nous eussions quelque mérite à faire le bien, et à éviter le mal. Une autre source des malheurs et des fautes qui se rencontrent dans l'histoire des peuples, c'est l'ignorance. Les hommes sont souvent conduits au mal, parce qu'ils se laissent dominer par la colère, la jalousie, l'ambition, la cupidité ; mais combien de fois aussi leurs torts ne sont-ils pas venus d'une éducation mauvaise qui leur avait laissé ignorer les plus simples notions de justice et de sagesse ! Ainsi les passions mal dirigées et l'ignorance ont été les deux principales sources des malheurs du genre humain.

2ᵉ LEÇON.

IGNORANCE DES PREMIERS HOMMES.

Dans une grande partie de l'Asie, les hommes étaient, il y a deux mille ans et plus, assez simples pour croire que le soleil était Dieu, et pour l'adorer. Les *Assyriens*, les *Chaldéens* étaient de ce nombre. En Afrique, les *Egyptiens* poussaient la crédulité jusqu'à se laisser persuader qu'il fallait adorer comme des divinités des animaux tels que le crocodile, des oiseaux, les légumes mêmes de leurs jardins. Leur plus grand dieu, c'était un bœuf qu'ils appelaient *Apis*. Quand il mourait, toute la nation portait le deuil, jusqu'à ce qu'on lui eût trouvé un successeur. En Europe, les *Grecs* et les *Romains*, quoique plus éclairés, adoraient jusqu'au crime même : la débauche, sous le nom de *Vénus*; l'ivresse, sous celui de *Bacchus* et de *Silène*. Il n'est donc pas étonnant qu'ils se soient livrés, dans leur conduite, aux vices dont ils croyaient que les dieux leur donnaient l'exemple. Enfin, les peuples qui ont autrefois habité notre pays, les *Gaulois* et les *Germains* dont nous descendons, adoraient aussi des dieux farouches, tels que le cruel *Teutatès*, auxquels ils sacrifiaient même des victimes humaines.

3e LEÇON.

LEUR VIE GROSSIÈRE.

Leur ignorance pour le reste n'était pas moins fâcheuse ; car les hommes ne surent pendant longtemps, ni se construire des maisons, ni se fabriquer des vêtements, ni cultiver la terre. Couverts de la peau des bêtes qu'ils avaient tuées, ils erraient dans les forêts, ramassant quelques glands pour leur nourriture, ou bien quelques châtaignes, quelques noix de faîne, n'ayant d'autre abri qu'un toit de feuillée. Ils ne connaissaient d'autre loi que celle de la force. Plus tard, il est vrai, leurs mœurs devinrent moins grossières : des sages, dont le nom doit toujours être prononcé avec respect, leur enseignèrent des connaissances utiles. *Minos* dans l'île de *Crète*, *Solon* chez les *Athéniens*, *Lycurgue* chez les *Lacédémoniens*, *Numa* chez les *Romains*, établirent des lois pour protéger la faiblesse contre la violence, et pour fonder les familles par les liens sacrés du mariage. Des villes s'élevèrent, et reçurent dans des abris plus commodes les sauvages habitants des bois. *Cécrops*, venu de l'Égypte en Grèce, apprit aux Athéniens à cultiver l'olivier, à semer et à récolter le blé. *Cadmus*, venu de la *Phénicie*, donna aux *Béotiens* les premières connaissances de l'écriture et de la lecture.

4e LEÇON.

Mais, à l'exception de quelques pays peu étendus, l'univers n'en était pas moins dans l'ignorance la plus funeste. Encore, dans les contrées mêmes qui eurent le bonheur d'être plus tôt policées que les autres, était-on bien loin de la perfection où nous voyons les arts parvenus de nos jours. Toute la science des navigateurs se bornait à suivre de près les côtes ; car ils n'osaient jamais perdre la terre de vue, n'ayant pas de boussole pour se diriger en pleine mer. Ils n'avaient pas de voitures publiques pour faciliter les communications, ni de postes pour correspondre les uns avec les autres. Ils avaient sur l'astronomie des idées si fausses, que la vue d'une éclipse de lune suffisait souvent pour les frapper d'une grande terreur. La médecine n'était pas plus avancée : chez les Assyriens, par exemple, quand un homme était malade, on l'exposait publiquement dans la rue, et chaque passant lui indiquait quelque remède qu'il croyait bon pour sa position : c'était là toute la médecine du pays.

5e LEÇON.

DE L'ESCLAVAGE CHEZ LES ANCIENS.

Dans cet état de barbarie chez les nations mêmes les plus avancées, un petit nombre d'hommes possédaient tous les biens. Les autres, sous le nom d'*esclaves*, réduits à la condition la plus humiliante, travaillaient, souffraient, mouraient, pour satisfaire la fantaisie de leurs tyrans. Voici ce que c'était que l'esclavage : un homme devenu esclave ne devait plus avoir d'autre volonté que celle de son maître ; ses enfants mêmes ne lui appartenaient pas ; ils étaient, comme lui, la propriété d'un autre homme, et ils tournaient la meule, pour écraser le grain. On les traitait souvent comme de vils animaux. Chez les Lacédémoniens, les *Ilotes*, leurs esclaves, étaient battus de verges, quand les petits enfants de leurs maîtres avaient mérité cette punition. Chez les Romains, on dressait des esclaves, qu'on appelait *gladiateurs*, à manier l'épée avec habileté, et puis, aux jours de fête, on les amenait devant le peuple assemblé pour le divertir en s'égorgeant les uns les autres. Quelques maîtres poussèrent même la férocité jusqu'à jeter vivants des esclaves dans leurs viviers, pour engraisser leurs poissons, auxquels ils trouvaient alors un goût plus agréable.

6e LEÇON.

BIENFAITS DU CHRISTIANISME.

Parmi les innombrables bienfaits du christianisme, on doit compter l'abolition de l'es-

clavage. C'est lui qui ést venu sauver le monde
de cet excès d'opprobre et de misère en pro-
clamant l'égalité de tous les hommes, comme
créés par le même Dieu et sauvés par le même
Christ. Depuis ce temps, malheureusement,
des peuples chrétiens ont rétabli l'esclavage
dans l'Amérique et dans les îles du Nouveau-
Monde, en achetant des nègres d'Afrique
comme des bêtes de somme, pour les faire
travailler à coups de fouet, soit à l'exploita-
tion des mines d'or ou d'argent, soit à la
culture du café, du cacao, de la canne à sucre. A l'heure même où vous lisez ces lignes,
un grand nombre de ces malheureux gémit
encore dans l'esclavage ; mais le principe de
la liberté universelle a été posé par l'Évangile,
il y a 1800 ans, et il s'est développé de siècle
en siècle ; le temps s'approche où les nègres
seront libres comme les autres hommes; car ils
sont tous frères. Des lois sévères punissent
aujourd'hui les cruels qui voudraient vendre
ou acheter la liberté ou la vie de leurs semblables.

7e LEÇON.

PROGRÈS DES TEMPS MODERNES.

Combien ne devons-nous pas nous réjouir
de vivre dans des temps civilisés ! Le plus
petit enfant de nos écoles peut se flatter aujourd'hui de savoir aussi bien lire et surtout

mieux écrire que le grand empereur Charlemagne. Je ne parle pas de la supériorité que l'art de la guerre a reçue chez nous, de l'invention de la poudre, des fusils, des canons. Cette science fera toujours assez de progrès ; et si, chez les Grecs, *Alexandre*, chez les Romains *César*, chez les Français, *Charlemagne*, *Louis Quatorze* et *Bonaparte*, n'avaient été que des conquérants ; s'ils n'avaient pas fondé des villes, institué des lois, rétabli l'ordre dans les États, je ne citerais pas ici leurs noms. Mais ce ne sont pas là les avantages les plus importants que Dieu nous ait accordés, en nous faisant naître aujourd'hui plutôt qu'en tout autre temps. Si nous étions nés sous *Clovis*, nous aurions trouvé notre pays saccagé par les *Francs* qu'il conduisait au pillage, les campagnes incultes, les hameaux abandonnés. Sous *Charlemagne*, nous aurions été commandés par des maîtres absolus, qui pouvaient tuer un pauvre paysan pour un écu. Sous *Charles Sept*, nous aurions vu régner partout la discorde, et les Anglais maîtres de nos plus belles provinces : contemporains de *Charles Neuf* et de *Henri Quatre*, nous aurions vu des massacres inspirés par le fanatisme religieux, comme la Saint-Barthélemy, et des guerres civiles de Français contre Français. Sous *Louis Seize*, nous aurions acheté bien cher, par les horreurs et les crimes qui ont accompagné la première révolution, les avantages qu'en a retirés la France.

AVANTAGES DE NOTRE CONDITION PRÉSENTE.

Aujourd'hui les bons sont devenus trop forts pour que les méchants leur fassent la loi. La paix et la tranquillité sont l'objet des vœux de toute la France. C'est par elles que nous voyons les progrès de notre prospérité. Nos champs ne sont plus en jachère; l'agriculture les occupe toujours utilement. Le laboureur et l'artisan sont libres comme le duc et pair; ils sont soumis aux mêmes lois. Des canaux sont ouverts partout pour la commodité du commerce. Des ponts s'élèvent sur toutes les rivières; des écoles sont fondées dans toutes les communes, pour que tous les Français reçoivent une instruction digne d'eux, et qu'il n'y ait plus, à cet égard, de distinction injuste entre le riche et le pauvre. En un mot, l'instruction est plus répandue par tout l'univers : l'homme est plus éclairé, meilleur et plus heureux. Les guerres sont plus rares et moins désastreuses; les crimes sont aussi moins fréquents. Tout enfin nous fait espérer que nous laisserons à nos descendants une histoire moins sanglante que celle de nos pères.

GÉOGRAPHIE.

9e LEÇON.

OBJET DE CETTE SCIENCE.

Ce n'est pas seulement dans le pays que nous habitons, c'est aussi sur tout le reste de la terre, que nous voyons insensiblement le sort des hommes devenir chaque jour meilleur. Vous savez, mes enfants, qu'au-delà de votre hameau se trouve une ville voisine; qu'au-delà de cette ville il en est d'autres encore jusqu'aux limites de la France; qu'au-delà de la France il y a bien d'autres peuples qui ne parlent pas la même langue que vous, mais qui ont les mêmes devoirs, les mêmes besoins que vous. Nous pouvons connaître leur histoire par les livres anciens, et par les récits des voyageurs qui les ont visités. Ces livres et ces récits servent aussi à nous faire connaître l'étendue de pays qu'ils occupent, leur position, le nombre de leurs villes, les fleuves, les rivières, les montagnes qui se trouvent sur leur territoire. La science qui nous apprend toutes ces choses a reçu le nom de *Géographie*, ou description de la terre. Pour l'étudier, on se sert ordinairement de *globes* et de *cartes* appelées *géographiques*.

10e LEÇON.

LA TERRE, SA FORME, SA NATURE.

La terre est ronde; un voyageur qui ferait une lieue par heure et qui marcherait jour et nuit, emploierait trois cent soixante-quinze jours, c'est-à-dire un an et dix jours, pour en faire le tour.

Les voyageurs ne peuvent aller ainsi en ligne directe, parce que les chemins s'y refusent, et qu'il faut passer tantôt sur la terre et tantôt sur la mer. Ordinairement, on reste deux, et même trois ans, à faire ce voyage par mer, parce qu'on est obligé de faire de longs détours, et de s'arrêter en différents lieux. Souvent aussi sur mer on est contrarié par les vents.

Les Indiens s'imaginent que la terre est portée par un grand éléphant blanc, et que cet éléphant s'appuie sur une immense tortue, laquelle nage dans une mer de lait. Mais on ne trouverait pas en France un esprit assez simple pour croire à de semblables rêveries. Bien des voyageurs ont fait le tour du monde dans toutes les directions, et l'on est sûr à présent que la terre tourne dans l'espace comme une boule au milieu des airs, sur laquelle se promèneraient en tous sens des insectes presque imperceptibles.

Et de même qu'on voit cette boule tourner en avançant, de même on comprend que la terre tourne sur elle-même en un jour, tandis qu'en un an elle achève son voyage ou sa révolution autour du soleil.

La terre est formée d'une masse solide, recouverte sur les trois quarts de sa surface par les eaux de la mer, et tout autour du globe se trouve une couche d'air d'environ douze lieues d'épaisseur, qu'on nomme *atmosphère*.

On a trouvé que la chaleur s'accroît à mesure qu'on creuse plus avant dans le sol ; ce qui a donné lieu de croire à quelques savants que l'intérieur du globe est dans un état de fusion, et que sa surface ne forme qu'une croûte refroidie.

11ᵉ LEÇON.

PÔLES, ÉQUATEUR, DEGRÉS, POINTS CARDINAUX.

Quoique la terre soit ronde en général, elle est un peu aplatie vers ses deux extrémités ou *pôles*, qui sont les points sur lesquels elle tourne. On imagine sur la surface terrestre de grands cercles qui viennent tous passer par les pôles : on les nomme *méridiens*. Un autre grand cercle les coupe à égale distance des deux pôles : c'est *l'équateur*. Des cercles plus petits, dirigés comme ce dernier, se nomment *parallèles*. Les degrés de *longitude* et de *latitude* se comptent sur tous les cercles, à raison de trois cent soixante pour un cercle entier, grand ou petit.

Pour trouver aussi plus aisément la position des différents pays, on a distingué quatre points opposés deux à deux. On les appelle points cardinaux.

Le *levant*, *orient* ou *est*, c'est le point où le soleil se lève.

Le *couchant*, *occident* ou *ouest*, c'est celui où il se couche.

Le *sud* ou *midi*, celui où il se trouve à égales distances de son lever et de son coucher.

Le *nord* ou *septentrion*, opposé au sud.

Quand on regarde le soleil à midi, on a le *levant* à gauche, le *couchant* à droite, le *sud* en face, et le *nord* par derrière.

12ᵉ LEÇON.

CONTINENTS, ÎLES, MERS ET LACS.

Les *continents* sont les grandes portions de la surface de la terre. Une *île* est un espace de terre entouré d'eau de tous côtés. Une *mer* est une vaste étendue d'eau. Un *lac* est une petite image de la mer.

Quand un espace de terre ne tient au continent que par un point peu étendu, il s'appelle *presqu'île* ou *péninsule*, et le point par lequel il se trouve rattaché au continent se nomme *isthme*.

Le contour du continent se nomme les *côtes* ou le *littoral*. Lorsque ces côtes sont échancrées par les eaux de la mer, cette échancrure s'appelle un *golfe*. Lorsqu'au contraire la côte s'avance dans la mer, l'extrémité de cette pointe se nomme *cap*.

Indépendamment du continent que nous habitons, il y en a deux autres, découverts depuis trois cent quarante ans, et qui forment ce qu'on appelle le *Nouveau-Monde*.

13ᵉ LEÇON.

L'ancien continent se divise en trois parties : l'Europe (celle où nous vivons), l'Asie et l'Afrique.

Le Nouveau-Monde comprend l'*Amérique* et un autre continent nommé la *Nouvelle-Hollande*, sans compter une foule de petites îles situées dans l'*Océan*. On appelle ainsi la vaste mer qui couvre la plus grande partie du globe.

Les plus grandes îles sont :

La *Grande-Bretagne* et l'*Irlande*, au couchant

de l'Europe, habitées par le peuple anglais; la *Sicile* et la *Sardaigne*, entre l'Europe et l'Afrique; l'*Islande*, pays glacial, et *Terre-Neuve*, renommée par la pêche des morues, au nord de l'Amérique; *Madagascar*, au sud de l'Afrique; le *Japon*, au levant de l'Asie; *Sumatra*, *Java* et *Bornéo*, entre l'Asie et l'Océanie ou Nouvelle-Hollande.

Le *grand Océan*, ou *Océan Pacifique*, est entre l'Asie, la Nouvelle-Hollande et l'Amérique; l'*Océan Indien*, entre l'Asie, la Nouvelle-Hollande et l'Afrique; l'*Océan Atlantique*, entre l'Europe, l'Afrique et l'Amérique.

Les grands lacs sont ceux de *Ladoga* et d'*Onéga*, dans la Russie d'Europe; la mer *Caspienne*, en Asie; le lac *Tchad*, en Afrique; dans l'Amérique, les lacs *Ontario*, *Supérieur*, etc.

14e LEÇON.

MONTAGNES.

Les montagnes sont rarement isolées; elles sont placées à la suite les unes des autres, et forment des *chaînes de montagnes*.

Les chaînes principales sont les *Alpes*, qui séparent l'Italie de la France et de l'Allemagne; les *Apennins*, en Italie; les *Pyrénées*, entre la France et l'Espagne; les *Carpathes*, entre la Pologne et la Hongrie; les monts *Ourals*, qui séparent l'Europe de l'Asie; le *Caucase*, entre la mer Noire et la mer Caspienne; les monts *Altaï*, entre la Sibérie et la Tartarie; les monts *Himalaya*, au nord de l'Inde; l'*Atlas*, au nord de l'Afrique; enfin la *Cordilière des Andes*, qui traverse l'Amérique dans toute sa longueur.

Dans l'Ancien-Monde, les grandes chaînes sont presque toutes dirigées du levant au couchant; mais dans le Nouveau-Monde elles vont du nord au sud.

Le Mont-Blanc, dans les Alpes, est la plus haute montagne de l'Europe; elle s'élève à quatre mille huit cents mètres au-dessus de la mer. La plus haute montagne mesurée dans les Andes est le Sorata, de sept mille sept cents mètres. Dans l'Himâlaya, on trouve des montagnes qui ont jusqu'à sept mille huit cent vingt mètres.

15e LEÇON.

GRANDS FLEUVES.

Du pied des montagnes coulent des sources qui, en se réunissant, forment des *ruisseaux*. La réunion des ruisseaux forme les *rivières*. Si une rivière considérable porte ses eaux dans une mer, on la nomme *fleuve*.

En Europe, les fleuves les plus considérables sont le *Danube*, qui se rend dans la mer Noire, après avoir traversé l'Allemagne et la Hongrie; et le *Volga*, qui traverse la Russie pour se jeter dans la mer Caspienne.

En Asie, il y a plusieurs grands fleuves. Les principaux sont : ceux qui coulent des monts Altaï dans la mer Glaciale; le *fleuve Jaune* et le *fleuve Bleu*, qui arrosent la Chine; le *Gange* et l'*Indus*, qui coulent de l'Himâlaya; le *Tigre* et l'*Euphrate*, qui partent du Caucase, et se réunissent avant de se jeter dans le golfe Persique.

En Afrique, on remarque le *Nil*, dont on ne connaît pas encore la source, et qui arrose l'Abyssinie, la Nubie et l'Égypte; le *Niger*, dont l'embouchure, longtemps ignorée, est au golfe de Bénin; le *Zaïre*, au Congo.

L'Amérique est remarquable par l'étendue des fleuves qui arrosent ses vastes plaines; il y a, au nord, le *Saint-Laurent*, qui prend sa source près du lac *Ontario*, et se jette dans le golfe appelé de son nom *golfe de Saint-Laurent*; le *Mississipi*, qui se jette dans le *golfe du Mexique*; au sud, l'*Orénoque*, qui traverse la Colombie; l'*Amazone*, le plus grand fleuve du monde; la *Plata*, dont la largeur est telle à son embouchure, qu'elle ressemble plutôt à un bras de mer qu'à un fleuve. Ces trois derniers fleuves vont porter leurs eaux à l'Océan Atlantique.

16e LEÇON.

L'EUROPE (Voy. fig. 1, A).

L'Europe est la partie du monde la plus civilisée. Là fleurissent les sciences, la littérature et les beaux-arts. Le sol, couvert de villes populeuses, est cultivé avec soin. On y trouve beaucoup de routes et de canaux. De nombreuses fabriques et manufactures ont enrichi les Européens. Le commerce leur a ouvert toutes les contrées du globe. Leurs armées sont les mieux disciplinées, les plus braves, et leurs vaisseaux naviguent sur toutes les mers.

Le climat est froid dans la partie nord de l'Europe, qui comprend la *Norwège*, la *Suède* et une portion de la *Russie*. Tout au nord se trouvent les *Lapons* et les *Samoyèdes*, formant la race la plus petite du genre humain.

L'Europe se termine au sud par trois presqu'îles qui jouissent d'un climat très-agréable. La première comprend l'*Espagne* et le *Portugal ;* la seconde, l'*Italie ;* la troisième, la *Turquie* d'Europe et la *Grèce*.

L'Europe a un grand nombre de mines de fer ; elle possède aussi de riches mines de plomb, de cuivre et d'étain ; des houillères et des carrières de marbre. Les animaux féroces, tels que les ours et les loups, y sont rares. Ces derniers même ont été totalement détruits en Angleterre.

17e LEÇON.

L'ASIE (Voy. fig. 1, B).

L'Asie est quatre fois plus grande que l'Europe. Elle s'étend des environs du pôle jusqu'à l'équateur. Elle est divisée en trois bandes par les chaînes de l'Altaï et de l'Himâlaya. Au nord de l'Altaï se trouve la *Sibérie*, long désert que la neige et les glaces recouvrent neuf ou dix mois de l'année ; entre ces deux chaînes de montagnes, la *Tartarie*, vaste plaine recouverte de sables ou de pâturages, habitée par de nombreuses peuplades errantes ; enfin au midi de l'Himâlaya, les riches presqu'îles de l'*Inde ;* sur la droite, les déserts sablonneux de l'*Arabie*, et sur la gauche l'antique et populeux empire de la *Chine*.

L'Asie nourrit des chameaux, des éléphants, des lions, des tigres et des serpents. Les dattes, l'encens et le café sont les produits de l'Arabie ; le cocotier, l'indigotier, la canne à sucre et le cannelier croissent dans l'Inde ; la Chine produit abondamment du riz et du thé. L'Asie méridionale fournit des pierres précieuses, et les perles sont pêchées dans les mers qui l'avoisinent.

Le genre humain est originaire de l'Asie. C'est

là qu'ont existé les premières et les plus grandes monarchies. Mais depuis longtemps la civilisation y a fait bien moins de progrès qu'en Europe.

18e LEÇON.

L'AFRIQUE (Voy. fig. 1, c).

Quand on aborde en Afrique du côté de la Méditerranée, on gravit d'abord des collines assez fertiles situées au pied de l'Atlas, et, après avoir franchi cette haute chaîne de montagnes, on arrive dans l'immense désert de *Sahara*, qui a mille lieues de long sur deux ou trois cents lieues de large. C'est une plaine sablonneuse, privée d'eau et de verdure, brûlée par une chaleur étouffante. Au-delà se trouvent les pays arrosés par le Niger : les voyageurs européens n'ont point encore pénétré plus avant dans l'intérieur de l'Afrique; on ne connaît guère que les côtes de ce continent, qui est trois fois plus étendu que l'Europe. Il est habité par la race nègre, encore ignorante et sauvage.

L'Afrique renferme beaucoup d'animaux féroces, tels que le lion, le tigre, l'hyène, le chacal. Ses fleuves nourrissent d'énormes crocodiles, et ses forêts recèlent le serpent boa. Là vivent encore l'éléphant, l'hippopotame, la girafe, le buffle, le chameau, et des oiseaux très-remarquables, tels que l'autruche et le perroquet.

Les Européens vont chercher en Afrique l'ivoire et la poudre d'or.

19e LEÇON.

L'AMÉRIQUE (Voy. fig. 1, F. G).

Il y a environ trois siècles et demi que l'Amérique fut découverte par les Espagnols, sous la conduite d'un navigateur génois, nommé Christophe Colomb. A cette époque, il y avait en Amérique deux empires remarquables par leur civilisation : celui du *Mexique*, qui fut subjugué par Cortès, et celui du *Pérou* ou des Incas, dont la conquête fut faite par Pizarre. Les Espagnols prirent encore possession des pays qui forment aujourd'hui la *Colombie*, le *Chili* et le *Paraguay*. Les Portugais s'emparèrent des vastes contrées du *Brésil*. Les Anglais s'établirent aux *Etats-Unis*, qui depuis se sont déclarés indépendants de l'Angleterre et ont formé une république dont les principales villes sont *New-York*, *Boston*, *Philadelphie*. Les Français s'établirent dans le *Canada.*

Les anciens habitants de l'Amérique furent d'abord réduits au plus cruel esclavage ; la barbarie et la cupidité des Espagnols n'en épargnèrent qu'un petit nombre ; et il n'existe plus de peuplades indépendantes que dans les régions situées aux deux bouts de l'Amérique.

L'Amérique, et surtout le Pérou, est très-riche en mines d'or et d'argent. Les animaux y sont de petite taille. Le climat y est généralement plus froid qu'en Europe et en Afrique, il s'y trouve beaucoup de plaines marécageuses. Les pommes de terre ont été transplantées d'Amérique en Europe, et la culture de cette plante rend désormais impossibles les famines qui autrefois ont désolé notre pays. La pâte sucrée composée avec le cacao, connue sous le nom de *chocolat*, nous vient du Mexique ; elle a été introduite en Europe l'an mil cinq cent vingt.

20e LEÇON.

L'OCÉANIE (Voy. fig. 1, D).

L'Océanie comprend la *Nouvelle-Hollande* et toutes les *îles du Grand-Océan*. La Nouvelle-Hollande est une île qui a la même étendue que l'Europe : mais les Européens en connaissent à peine le contour et n'ont point encore pénétré dans l'intérieur. A en juger par la population des côtes, ce vaste pays ne renfermerait qu'un habitant sur quatre lieues de long et de large. Ces hommes sont les plus hideux que l'on connaisse; errants dans les forêts, absolument nus, le corps et la figure barbouillés de couleurs, et *tatoués*, c'est-à-dire couverts de lignes tracées sur la peau au moyen de piqûres. Leur seule occupation est de pourvoir à leur misérable existence, et d'assouvir leurs haines mutuelles par d'horribles massacres.

Les îles situées entre l'Asie et la Nouvelle-Hollande sont au pouvoir des Portugais, des Anglais et des Hollandais. Les naturels du pays sont de la race *Malaise*, connue par sa perfidie et sa férocité.

On ne trouve de mœurs douces que parmi les habitants des petites îles placées entre la Nouvelle-Hollande et l'Amérique. Les Anglais ont introduit la religion chrétienne et les usages des Européens dans les îles *Sandwich* et *de la Société*.

21e LEÇON.

PAYS PRINCIPAUX.

Les principaux pays sont :

En *Europe :* le Portugal, l'Espagne, la France,

la Suisse, l'Italie, la Belgique, la Hollande, l'Angleterre, l'Ecosse, l'Irlande, la Norwège, la Suède, le Danemark, la Prusse, le Hanovre, la Bavière, le Wurtemberg, la Saxe, la Bohême, l'Autriche, la Hongrie, la Pologne, la Russie, la Turquie et la Grèce.

En *Asie :* l'Anatolie, la Syrie, l'Arabie, la Perse, les deux Indes, la Chine, le Japon, la Grande-Tartarie et la Sibérie.

En *Afrique :* l'Egypte, la Nubie, l'Abyssinie, Alger, Maroc, le Sénégal, la Guinée, le Congo, et un grand nombre de contrées inconnues, habitées par des peuples sauvages.

Dans l'*Amérique* du nord : le Canada, les Etats-Unis, le Mexique, Guatimala.

Dans l'*Amérique* du sud : la Colombie, le Pérou, Bolivia, le Chili, le Paraguay, Buenos-Ayres et le Brésil.

Ces pays forment des monarchies, ou des républiques, plus ou moins considérables, ou enfin n'ont aucune forme de gouvernement régulier.

Les pays voisins des pôles sont très-froids; les pays placés sous l'équateur sont très-chauds; les autres sont tempérés.

22e LEÇON.

FRANCE.

Au nord de la France est la Belgique; un bras de mer appelé la Manche nous sépare de l'Angleterre. Au levant, est l'Allemagne, la Suisse et l'Italie; au midi, la Méditerranée et l'Espagne; au couchant, le golfe de Gascogne.

La France est divisée en quatre-vingt-six *dé-*

partements. Chaque département est partagé en *arrondissements*. Chaque arrondissement est divisé en plusieurs *cantons*, qui comprennent chacun un certain nombre de *communes*. Il y a environ trente-neuf mille communes dans toute la France.

Un département est administré par un *préfet*; un arrondissement, par un *sous-préfet*; une commune, par un *maire*.

La population de la France est d'environ trente-trois millions d'habitants.

Les principaux fleuves qui arrosent la France, sont : le *Rhin*, entre ce pays et l'Allemagne; le *Rhône*, qui prend sa source dans les montagnes de la Suisse, et passe en France à Lyon, Vienne, Avignon, Arles; il se jette dans la Méditerranée, au golfe de Lyon; la *Garonne*, qui prend sa source dans les Pyrénées et passe en France par Toulouse, Agen., Bordeaux; elle se joint à la *Dordogne*, et forme avec elle la *Gironde*; son embouchure est dans l'Océan Atlantique; la *Loire*, qui prend sa source dans les Cévennes, et passe par Nevers, Orléans, Blois, Tours et Nantes; son embouchure est dans l'Océan Atlantique; enfin la *Seine*, qui prend sa source en Bourgogne, traverse Troyes, Paris, Rouen, et va se jeter dans la Manche.

Des chaînes de montagnes environnent la France de deux côtés. Au midi se trouvent les *Pyrénées*; au levant, les *Alpes*, le *Jura*, les *Vosges* et les *Ardennes*. On trouve dans le Languedoc les *Cévennes*; entre la Lorraine et l'Alsace, les *Vosges*.

HISTOIRE NATURELLE.

23e LEÇON.

Cette vaste étendue que l'on appelle la terre,
et dont nous venons de voir les principales divisions, est habitée par un nombre infini de créa-
tures, dont l'homme est la plus parfaite. Tous
ces êtres, doués de la vie, ont un corps à l'aide
duquel ils sentent le plaisir ou la peine, et ils
possèdent des facultés proportionnées à leurs besoins. L'homme seul a une âme faite à l'image de
Dieu.

LE CORPS.

La structure et l'organisation du corps humain
prouvent admirablement la prévoyance et la sagesse du Créateur.

A l'extérieur sont deux *yeux* pour voir les objets, deux *oreilles* pour entendre les sons, un
nez pour sentir les odeurs, une *langue* pour goû-
ter les aliments, et pour parler.

La partie supérieure du corps, ou la *poitrine*,
renferme :

Le *cœur*, d'où s'étendent les *artères* et les *veines*, qui portent le sang jusqu'aux extrémités du
corps, et le ramènent sans cesse au cœur, pour
recommencer perpétuellement le même travail
jusqu'à ce que la mort vienne arrêter ce mouvement. Les deux *poumons*, principaux organes de
la *respiration*; l'air, après y avoir séjourné deux
ou trois secondes pour agir sur le sang, en sort
par l'*expiration*.

La partie inférieure contient l'*estomac*, où se digèrent les aliments qui nourrissent l'homme et entretiennent la vie; le *foie*, qui reçoit la bile; et la *rate*, dont on ignore encore la fonction.

Les *os* composent la charpente du corps; ils sont entourés de *muscles* qu'on appelle chair. Des *nerfs*, ainsi que des *veines* et des *artères*, parcourent toutes les parties du corps.

24e LEÇON.

L'AME.

Il y a quelque chose en nous qu'on ne peut ni voir ni toucher, et qui règle tous les mouvements du corps : ce quelque chose s'appelle *âme*.

C'est l'âme qui *sent*, *pense*, *raisonne*, *invente*, se *rappelle* les choses passées, et dont la *prévoyance* nous est souvent utile. C'est elle qui *veut* le bien et le mal, qui mérite récompense ou punition.

L'âme est immortelle. Elle acquiert des connaissances et se perfectionne par l'étude. On ne sait pas comment elle est unie au corps. Elle s'en sépare à la mort, qui arrive par suite de graves maladies, d'accidents violents, ou de vieillesse.

LES SENS.

L'homme, et la plupart des animaux, ont cinq sens, qui sont : la *vue*, l'*ouïe*, l'*odorat*, le *goût*, le *toucher*.

Plusieurs animaux ont des sens plus parfaits que les nôtres. Le chien a l'odorat beaucoup plus subtil : il sent les objets de bien plus loin que nous. Les oiseaux ont la vue plus perçante.

Malgré cette infériorité de ses sens, et quoiqu'il soit bien moins fort, bien moins agile que certains animaux, tels que l'éléphant, le cheval, le tigre, l'écureuil, etc., l'homme a, par l'intelligence et la parole, une supériorité immense sur tous les animaux : il est roi de la terre.

25e LEÇON.

LES ANIMAUX.

Le corps de beaucoup d'animaux présente les mêmes parties que le corps de l'homme, mais avec des formes différentes. Une sorte d'intelligence qu'on appelle l'*instinct* guide les animaux ; c'est par l'instinct qu'ils pourvoient à leurs besoins et à leur conservation.

Il y en a de bien des espèces : des animaux qui marchent ou rampent sur la *terre*, des oiseaux qui volent dans les *airs*, des poissons qui nagent dans les *eaux*. Il y en a de toutes les grandeurs, depuis la baleine, qui est mille fois plus grosse qu'un cheval, jusqu'aux animalcules qui vivent par milliers dans une goutte d'eau, et qu'on ne peut voir qu'avec un microscope, instrument qui les fait paraître cinq cents fois et même quinze cents fois plus gros qu'ils ne sont réellement.

26e LEÇON.

LES ANIMAUX DOMESTIQUES.

Le *chien* est le fidèle ami et le gardien de l'homme ; le *cheval* partage les travaux du laboureur et du guerrier ; le *chat* débarrasse le logis des souris et des rats.

L'*âne* et le *chameau* sont des bêtes de somme extrêmement laborieuses. Leur sobriété et leur patience augmentent encore leur utilité.

Le *coq*, par son chant matinal, nous réveille et nous invite à la vigilance et au travail.

Le *bœuf*, le *veau* et la *vache* nourrissent l'homme de leur chair : la vache lui donne encore son lait. La peau de ces animaux sert à faire des semelles et des empeignes pour les souliers. On fait des étoffes avec le poil de la *chèvre :* son lait et celui de l'*ânesse* sont très-salutaires.

Le *porc* fournit le lard, et une viande qui se conserve bien quand elle est salée ; le *mouton* donne le suif pour les chandelles, et la laine pour le drap : sa chair est très-nourrissante. Les *poules*, les *pigeons*, les *oies* et les *canards*, fournissent des plumes, des œufs, et une chair délicate.

Parmi les animaux, les uns sont *carnivores*, c'est-à-dire qu'ils mangent de la chair d'autres animaux : les autres sont *frugivores*, c'est-à-dire qu'ils se nourrissent des productions de la terre, herbes, fruits, légumes. L'homme est à la fois *frugivore* et *carnivore*. Outre la chair des bêtes que nous venons de nommer et d'autres semblables, il mange encore des fruits et des légumes.

27ᵉ LEÇON.

LES PLANTES OU VÉGÉTAUX.

Le sol est presque partout recouvert d'une couche de terre qu'on nomme *végétale*, parce qu'elle est propre à nourrir les plantes ou *végétaux*. La plupart des plantes sont attachées au sol par les *racines* qui pompent les sucs de la terre et les transforment en *sève*. La sève passant à travers la tige et les branches donne la vie aux feuilles et aux *fleurs*. Les fleurs produisent ensuite les *fruits*, qui, mûris par le soleil, servent de nourriture à l'homme.

Dans l'intérieur des fruits est renfermée la *graine* ou semence, qui, placée dans la terre, reproduit des arbres et des plantes de même nature. Les plantes dont la tige est dure et donne du bois, se nomment *arbres* ou *arbrisseaux ;* celles dont la tige reste toujours verte, prennent le nom d'*herbes*.

La plupart des fruits ont une peau qui recouvre *une pulpe* ou espèce de chair, laquelle contient une ou plusieurs graines qu'on nomme noyaux ou pépins. La pulpe est une sorte d'éponge dont les petites cavités ou *cellules* renferment des liqueurs acides ou sucrées. Les noyaux ou pépins sont formés d'une coque, qui contient une amande où se trouve le germe de la plante.

28ᵉ **LEÇON.**

LES PARTIES UTILES DES PLANTES.

Diverses parties des plantes sont employées comme aliments, ou fournissent des médicaments précieux.

Celles qui servent le plus utilement à la nourriture de l'homme sont les graines farineuses, le *blé*, le *seigle*, l'*orge*, le *maïs*, le *sarrasin*, les *pois*, les *haricots ;* les tubercules charnus de la *pomme de terre ;* les fruits pulpeux, tels que les *poires*, les *pommes*, les *prunes*, les *pêches*, les *cerises*, les *raisins*, les fruits de l'arbre à pain, les *cocos* des Indes, les *dattes* de l'Afrique, les *bananes*, les *figues*, les *ananas;* les feuilles et racines qu'on nomme légumes, comme l'*oseille*, les *choux*, la *laitue*, les *épinards*, les *carottes.*

Le *sucre* s'extrait de la tige d'une espèce de roseau nommé *canne à sucre;* on le retire aussi des racines de la betterave. Les graines d'un arbre d'Arabie donnent le *café;* l'écorce d'une espèce de laurier fournit la *cannelle.* On prépare le chocolat avec les graines de *cacao*, et le thé avec les feuilles d'un arbre de la Chine.

La racine de la rhubarbe fournit un médicament légèrement purgatif ; l'écorce d'un arbre du Pérou donne la poudre du *quinquina* que l'on emploie pour combattre la fièvre. On retire de cette poudre la *quinine*, qui en est le principe actif, et avec laquelle s'obtient le *sulfate de quinine.* Une petite dose de ce sulfate produit le même effet qu'un poids beaucoup plus considérable de quinquina.

29e LEÇON.

LIQUIDES NUTRITIFS.

Indépendamment des aliments *solides*, tels que la chair des animaux, les fruits et les légumes, l'homme a besoin pour sa nourriture de *liquides*, les uns produits par les végétaux, tels que le *vin*, l'*eau-de-vie*, l'*alcool* ou esprit-de-vin, les *huiles*, et d'autres, produits par les animaux, tels que le *lait* et les *œufs.*

Le *vin*, le *cidre* et la *bière* s'obtiennent, le

premier, par la fermentation du raisin ; le second, par la fermentation des pommes et des poires ; le troisième, par celle du grain.

Lorsqu'on fait chauffer ou qu'on distille le vin, le cidre ou la bière, on en extrait l'*alcool*. L'eau-de-vie n'est que l'alcool mêlé d'eau.

En pressant les olives ou les noix, on en obtient de l'*huile* bonne à manger. Certaines graines, telles que le chènevis, le colza, la navette, nous donnent l'huile de lampe.

Le lait, première nourriture des animaux, nous donne la *crème*, le *beurre* et beaucoup de *fromages* de diverses qualités.

Le blanc d'œuf est une substance qui s'appelle *albumine* ; le jaune d'œuf contient une sorte d'huile colorée.

L'*albumine* se retrouve dans le sang, qui contient, outre l'eau, une matière colorée en rouge. C'est avec le sang de cochon qu'on fait le boudin, et avec celui de bœuf qu'on clarifie les sirops.

30e LEÇON.

LA TERRE.

La terre ne produit pas seulement pour l'homme des aliments abondants et variés ; elle lui fournit encore des matériaux utiles pour se construire des abris, pour orner son séjour, pour se créer des ressources de tout genre.

Au-dessous de la terre végétale qu'on laboure pour y semer des graines et récolter des plantes, se trouvent des *argiles*, des *sables*, de la *craie*, ou des corps plus ou moins durs, qu'on nomme *pierres.* Ces pierres sont en couches placées les unes sur les autres ;—elles forment des rochers, des montagnes. Les pierres brisées et réduites en poudre produisent les différentes terres.

Les pierres servent à bâtir les maisons ; les argiles, à faire des pots, des vases, des briques, des tuiles, que l'on fait durcir en les chauffant au feu ou au soleil. Quand l'argile est fine et blanche, on en fait de la porcelaine.

L'*ardoise* est un limon qui s'est durci dans le sein de la terre.

La pierre à chaux, la craie et le marbre sont de même espèce. Ils se changent en *chaux vive* par la cuisson. La chaux mêlée à l'eau se réduit en une pâte dans laquelle on met du sable pour faire le mortier.

Le *gypse* se cuit, et se gâche ensuite avec l'eau. On en fait des ornements et des figures moulées.

Le *plâtre* de Paris est du gypse mêlé avec un peu de pierre à chaux.

Les cailloux, le sable, la pierre à fusil et le grès sont de même espèce. En fondant par le feu du sable avec de la potasse, de la soude ou de la chaux, on obtient le *verre.* Le *cristal* se fait en fondant du sable avec du plomb et de la potasse.

51ᵉ LEÇON.

LES MÉTAUX.

Sans la découverte et l'emploi des métaux, l'homme serait resté dans l'état misérable où se trouvent encore quelques peuplades sauvages de l'Amérique et de la Nouvelle-Hollande. Le fer, est, de tous les métaux, le plus utile à l'homme; par un bienfait de la nature c'est celui qui se rencontre le plus fréquemment dans presque tous les pays. L'or et l'argent, comparativement au fer, ne seraient presque d'aucun prix, si on n'était convenu d'employer ces métaux comme signes représentatifs des richesses , et comme un moyen d'échange, en les convertissant en monnaie.

Les métaux se trouvent enfouis dans la terre, quelquefois purs, mais le plus souvent mêlés avec d'autres corps dont on parvient à les dégager par des procédés chimiques. Ordinairement ils sont loin d'offrir, avant le travail de l'homme, l'aspect sous lequel nous sommes accoutumés à les voir. Ainsi le minerai dont on retire le fer est le plus souvent une matière compacte, rougeâtre, facile à réduire en poudre.

L'*or*, l'*argent*, le *platine*, le *cuivre* et le *fer*, s'étendent aisément en lames et en fil; l'*étain* et le *zinc* sont moins *ductiles*, c'est-à-dire qu'ils prennent moins aisément la forme qu'on veut leur onner; le *plomb* est très-mou; le *bismuth*, l'an-moine et l'*arsenic* sont cassants : le *mercure* ou vif-argent est liquide et susceptible de bouillir et même de se convertir en vapeur. Il faut un très-grand froid pour lui faire perdre sa fluidité, et le rendre dur comme les autres métaux.

Le *platine* est très-difficile à fondre : c'est le plus pesant des métaux.

L'or est celui qui s'altère le moins à l'air. L'arsenic et le cuivre sont de violents poisons. C'est pour cette raison qu'il faut entretenir une couche d'étain dans les vases de cuivre employés à préparer les aliments. Le fer étamé s'appelle *fer-blanc.*

LES ALLIAGES.

Les alliages sont formés de deux ou de plusieurs métaux fondus ensemble. On unit ainsi les métaux afin de durcir ceux qui sont trop mous, d'amollir ceux qui sont trop durs, ou de donner aux métaux, par diverses combinaisons, des qualités dont isolément ils sont privés.

C'est ainsi que pour donner de la solidité aux ouvrages d'or et d'argent, on y allie un peu de cuivre. Tous en contiennent plus ou moins. La marque ou le *titre* indique la quantité de cuivre que l'on y a mis.

Dans les couverts et dans la vaisselle d'argent, le cuivre forme le vingtième de leur poids. Dans les bijoux d'argent, le cuivre entre pour un cinquième.

Les vases et ornements d'or contiennent aussi du cuivre : sur un mille pesant, il peut y avoir soixante, quelquefois même cent soixante parties de cuivre.

Le *laiton* ou *cuivre jaune* se compose de trois parties de cuivre et d'une de zinc.

Le *bronze* des canons et des statues résulte de cent livres de cuivre sur onze livres d'étain; le bronze des cloches, de soixante-dix-huit livres de cuivre fondues avec vingt-deux livres d'étain.

L'*étamage* des glaces se fait avec du mercure et une mince feuille d'étain.

NOTIONS DE PHYSIQUE.

33e LEÇON.

L'AIR.

L'homme aurait inutilement reçu les sens dont il est pourvu, la terre lui fournirait en vain la subsistance nécessaire, en vain elle multiplierait ses ressources pour subvenir à ses besoins, si Dieu n'avait pas entouré le monde que nous habitons d'une couche d'*air* qu'on nomme *atmosphère*.

L'homme ni les animaux ne peuvent vivre sans respirer l'air; les plantes elles-mêmes ne pourraient s'en passer. Pour la bonne santé de l'homme et des animaux, l'air doit être exempt d'infection et d'une trop grande humidité.

Sans l'air nous ne pourrions faire de feu. Un corps s'éteint dès qu'il est privé d'air.

C'est par l'air que le son se propage avec rapidité. C'est l'air qui fait tourner les moulins à vent, qui pousse les vaisseaux, qui soutient les oiseaux et les cerfs-volants. C'est l'air dont la couleur forme le bleu du ciel, et qui soutient les nuages où se forment la pluie, la neige, la grêle, et où brille l'éclair et gronde le tonnerre.

34e LEÇON.

VENT, TEMPÊTE, OURAGAN.

Le *vent* est l'air en mouvement. Plus ce mouvement est rapide, plus le vent est fort. Le vent ne devient sensible que quand il fait environ une lieue à l'heure, comme un homme qui marche. Le vent est *fort*, lorsqu'il fait huit lieues à l'heure; il est *très-fort*, lorsqu'il en fait seize; il devient *tempête*, lorsqu'il en fait vingt; et *ouragan*, lorsqu'il fait de trente à quarante lieues par heure.

Dans sa plus grande violence, le vent renverse les édifices, et déracine les arbres; il lance les pierres avec la rapidité du boulet; il produit sur la mer des vagues d'une hauteur énorme, qui engloutissent les vaisseaux; il soulève les eaux, et les pousse dans l'intérieur des terres, où elles occasionent de désastreuses inondations.

Dans les parties du Grand-Océan qui avoisinent l'équateur, un vent modéré souffle constamment du levant au couchant; on l'appelle *vent alisé*. Dans les mers qui baignent les pays chauds, les vents soufflent six mois dans une direction, et six mois dans la direction opposée; ils se nomment *vents moussons*. Enfin, près du rivage, le vent, pendant le jour, vient de la mer, et pendant la nuit il vient de la terre; le premier s'appelle *brise de mer*, et le second *brise de terre*. Les navigateurs profitent de tous ces vents pour se diriger dans leurs voyages.

35e LEÇON.

LES TROMBES.

C'est une chose très-extraordinaire qu'une trombe. On désigne ainsi un tourbillon qui s'élève soit sur la terre, soit sur la mer. Il a la forme d'une colonne qui descend des nuages en tour-

nant sur elle-même avec une grande vitesse. Elle
a quelquefois jusqu'à 200 mètres de base. Quand
elle a atteint en descendant la surface de l'eau,
celle-ci se met à bouillonner et à se couvrir d'é-
cume. L'eau paraît s'élever jusqu'aux nuages, et
l'on entend une espèce de sifflement. Ensuite il
pleut abondamment, et le tonnerre se fait entendre. Quand la trombe s'approche d'un vaisseau,
on s'en préserve en la rompant à coups de canon chargé à boulet. Ces trombes ne sont pas
rares entre les tropiques, près des côtes de
Guinée.

Les trombes qui se forment sur terre produisent quelquefois les plus grands ravages. Il sort
de leur intérieur des globes de feu ou de vapeurs
soufrées qui font explosion. Au bruit que fait la
trombe dans sa marche, se joint le sifflement
des vents, qui alors se font sentir dans toutes les
directions. La trombe arrache les branches des
arbres, et les lance à droite et à gauche; elle
déracine même les arbres les plus vigoureux; elle
enlève les toits des maisons, et renverse les murailles. On a vu quelquefois des hommes et des
animaux enlevés dans les airs, puis lancés au
loin. Les tourbillons d'air qui soulèvent la poussière figurent de petites trombes.

36e LEÇON.

LE BAROMÈTRE.

L'air est pesant : le baromètre en est une
preuve incontestable. On appelle ainsi un instrument le plus souvent composé d'un tube
de verre, long d'un peu plus de deux pieds et demi,

fermé en haut, ouvert en bas, qui plonge verticalement au fond d'une petite cuvette à moitié pleine de mercure, et dans lequel le mercure s'élève jusqu'à la hauteur de 26 ou 29 pouces (fig. 9). Cet instrument est très-précieux; il sert à indiquer le beau et le mauvais temps. Une élévation progressive dans la colonne de mercure est une signe de beau temps; un abaissement graduel au contraire, dans cette colonne, est un signe de pluie. A Paris, toutes les fois que le mercure du baromètre se soutient, pendant quelques jours, à vingt-huit pouces et demi ou au-dessus, le temps est beau, et le beau temps est durable. Si, au contraire, le mercure ne se soutient qu'à vingt-sept pouces et demi ou au-dessous, le temps est pluvieux; à vingt-huit pouces, le temps est variable. Toutes ces variations se lisent sur une échelle gravée à côté de la colonne de mercure.

Il serait très-utile d'avoir dans chaque commune un baromètre exposé à tous les regards; les habitants pourraient le consulter pour prévoir les changements de l'atmosphère, comme ils consultent l'horloge de l'église pour connaître l'heure du jour.

37e LEÇON.

LES BALLONS.

Il existe un gaz qui est quatorze ou quinze fois moins pesant que l'air; c'est le gaz hydrogène. On l'obtient en versant de l'acide sulfurique dans un tonneau contenant de l'eau et du fer ou du zinc.

5

Si donc on introduit ce gaz dans une enveloppe légère, faite soit en papier huilé, soit en toile gommée, on voit cet appareil ou ballon s'élever dans les airs.

C'est ainsi que le liége, mis au fond de l'eau, remonte à sa surface, parce qu'il est plus léger que l'eau.

Plus la dimension des ballons est grande, plus le poids qu'ils peuvent soulever dans l'air est considérable.

Les ballons sont recouverts d'un filet; à l'extrémité des cordes dont ce filet se compose, on attache la nacelle destinée à recevoir le voyageur que l'on appelle *aéronaute*.

En 1804, M. Gay-Lussac s'est élevé en ballon jusqu'à sept mille mètres au-dessus de la terre (environ une lieue et demie.). Là il a ressenti le froid de l'hiver le plus rigoureux, bien qu'on fût à l'époque des plus grandes chaleurs.

A la bataille de Fleurus, les Français, pour connaître les mouvements de l'armée ennemie, ont fait monter dans un ballon quelques officiers qui, au moyen de signaux, faisaient connaître tout ce qui se passait chez l'ennemi.

Peut-être un jour parviendra-t-on à diriger les ballons dans l'air, où jusqu'ici ils ont été poussés au gré des vents.

Pour l'amusement des enfants, on fait des ballons de petite dimension en papier huilé ou en toile gommée, et on les retient au moyen d'une ficelle.

38ᵉ LEÇON.

LE THERMOMÈTRE.

La température de l'air, ou son degré de chaleur, est très-variable. Il est important de pouvoir la mesurer, ainsi que celle de tous les autres corps. On y parvient aisément au moyen du thermomètre.

Le *thermomètre* consiste en une boule de verre, surmontée d'un tube très-fin qui porte des divisions. Cette boule et une partie du tube sont pleins de mercure ou d'esprit-de-vin. (Fig. 10.)

Quand le thermomètre est mis dans la neige fondante, le liquide s'abaisse dans le tube jusqu'au point marqué 0, c'est-à-dire *zéro*. Si le thermomètre est ensuite porté dans l'eau bouillante, la colonne liquide monte jusqu'à un autre point marqué 100; il y a donc cent *degrés* de chaleur ou de température, depuis la glace qui fond jusqu'à l'eau qui bout. Ce thermomètre s'appelle thermomètre *centigrade*.

Si l'on observe un thermomètre placé en dehors d'une fenêtre, on le voit ordinairement monter depuis le matin jusque vers deux heures de l'après-midi, parce que l'air s'échauffe; et il baisse ensuite pendant le soir et toute la nuit, parce que l'air se refroidit. Le thermomètre est beaucoup plus haut en été qu'en hiver.

Pendant l'hiver, il faut échauffer les chambres habitées, de telle manière que le thermomètre s'y tienne à douze ou quinze degrés.

La température des caves reste toujours la

même à très-peu de variations près. Aussi paraissent-elles froides en été, comparées à l'état de l'atmosphère au-dehors ; et chaudes au contraire en hiver par la même raison. La température des caves varie de 10 à 15 degrés du nord au sud de la France.

59e LEÇON.

PIERRES TOMBÉES DU CIEL.

Les anciens avaient vu quelquefois des pierres tomber du ciel, et ils les considéraient comme détachées de la voûte céleste. Les savants ont nié pendant longtemps l'existence de ces pierres extraordinaires, mais enfin ils ont dû céder à l'évidence, et ils ont eu souvent occasion de vérifier la réalité de ce qu'ils prenaient pour un préjugé populaire.

Les pierres qui tombent du ciel s'appellent *aérolithes*. Au moment de leur apparition, on voit dans l'air un globe de feu, qui marche avec rapidité, et qui quelquefois répand une vive lueur. Quelques instants après, on entend une détonation violente, suivie d'un roulement que l'on a comparé à celui d'une voiture pesante, courant sur le pavé. Il tombe alors une ou plusieurs pierres. Au moment de leur chute, elles sont chaudes et répandent une odeur de soufre. Après les avoir retirées de la terre, où elles s'enfoncent plus ou moins, on reconnaît qu'elles ont la couleur grise de la fonte de fer à l'intérieur, et qu'à l'extérieur elles offrent une mince couche noire, qui prouve qu'elles ont été

fondues ou *mises en fusion* par une action semblable à celle qu'aurait pu produire le feu.

Quelquefois il tombe des poussières qui, mêlées
à l'eau des nuages, ont fait croire à l'existence des
pluies de *feu* et de *sang*.

40e LEÇON.

LA LUMIÈRE.

La *lumière* nous vient du soleil pendant le jour,
de la lune et des étoiles pendant la nuit.

Nous nous en procurons d'artificielle par la
combustion de l'huile, du suif, de la cire ou
du gaz.

Les images des objets ne s'aperçoivent à travers
les miroirs que parce que ceux-ci renvoient à nos
yeux une partie de la lumière qui leur vient des
objets eux-mêmes.

Il y a en Amérique des insectes qui portent sur
la tête une espèce de lanterne lumineuse qui brille
naturellement, comme chez nous les *vers luisants*.
Le bois pourri et le phosphore répandent une faible
lueur pendant la nuit, de même que certaines
pierres qui ont été exposées au soleil. En frottant
deux morceaux de sucre dans l'obscurité, on
aperçoit une lueur.

Diverses parties du corps des animaux contiennent du phosphore. Si un animal est enfoui dans
une terre humide, ou au fond d'un marais, il
peut arriver que le phosphore que son corps
contient s'en dégage, uni au *gaz* hydrogène.
Ce gaz s'enflamme de lui-même aussitôt qu'il
arrive dans l'air. Telle est l'origine des *feux follets*,

que l'on aperçoit la nuit dans les terrains maréca-
geux et dans les cimetières.

Quand la lumière du soleil levant ou du soleil
couchant vient éclairer les gouttes de pluie qui
tombent de l'atmosphère, en passant à travers ces
gouttes, elle en sort diversement colorée, et forme
un *arc-en ciel*. Deux arcs-en-ciel apparaissent ordinairement ensemble. Le plus petit est plus
étroit, mais plus brillant que le grand. Ce petit
arc est rouge en dedans et violet en dehors, tandis
que le grand arc est rouge en dehors et violet en
dedans. On voit souvent, au milieu des gouttes
que forme un jet-d'eau, se reproduire le phénomène de l'arc-en-ciel.

Quelquefois le soleil et la lune sont entourés de
deux ou trois petits cercles colorés qu'on appelle
couronnes, et qui apparaissent quand le ciel est
couvert d'un léger voile nuageux.

41e LEÇON.

LE FEU.

Le *feu* n'est guère moins utile que l'eau et l'air ;
sans le feu l'homme ne pourrait exister dans les
pays très-froids, tels que la Sibérie, une grande
partie de la Russie et de l'Amérique septentrio-
nale. Il vivrait même avec peine dans les climats
tempérés, puisqu'il ne saurait ni cuire ses aliments,
ni forger les métaux, etc. Le feu n'existe naturellement que dans les volcans en éruption, ou dans
les corps enflammés par la foudre, ou dans ceux
que la fermentation finit par embraser. Aucun animal ne sait produire du feu pour ses besoins.

L'homme seul a su inventer les moyens de s'en pourvoir. On n'a jamais trouvé aucune société d'hommes, quelque barbare qu'elle fût, qui ne connût le feu et ne sût s'en procurer. Les sauvages allument du feu en frottant rapidement deux morceaux de bois l'un contre l'autre. Si l'on frappe vivement un caillou avec de l'acier, les parcelles d'acier qui se détachent brûlent et enflamment l'amadou sur lequel on les reçoit.

Les vastes forêts qui couvrent la surface de la terre suffiront longtemps à nos besoins; et la nature nous conserve dans son sein d'immenses provisions de charbon de terre que l'on commence partout à exploiter avec succès. Ces mines de charbon de terre sont le produit d'antiques forêts et de débris de végétaux que les révolutions du globe ont enfouis dans la terre.

Le feu cause souvent les plus cruels désastres dans les fermes et dans les maisons, si on ne prend pas perpétuellement les plus grandes précautions pour s'en préserver.

42ᵉ LEÇON.

LES VOLCANS.

Aucun des phénomènes qui se passent à la surface du globe n'est plus majestueux ni plus terrible qu'une éruption *volcanique*. Que l'on se figure une montagne vomissant des flammes, des tourbillons de fumée, de cendre et de poussière, lançant des pierres et des rochers énormes à des distances prodigieuses, au milieu de détonations souterraines, de coups redoublés de la foudre et d'un torrent de pluie ; et, durant ces affreuses convulsions, la montagne ébranlée jusqu'à sa base, ses flancs entr'ouverts donnant passage à la *lave* ou rivière de feu, qui parfois coule jusque dans la mer, dont elle fait bouillonner les flots : tel est un *volcan*.

Il existe en Europe trois volcans, l'*Etna* en Sicile, le *Vésuve* près de Naples, et l'*Hécla* en Islande. L'Asie en renferme un plus grand nombre ; mais c'est l'Amérique qui en contient le plus. Il y a beaucoup de montagnes qui ont brûlé dans les premiers âges du monde, et qui aujourd'hui sont complètement éteintes ; c'est-à-dire, qu'elles ne jettent plus ni flammes ni fumée, et sont cultivées par les hommes. Plusieurs montagnes de l'Auvergne sont dans ce cas. De temps en temps on voit se former de nouveaux volcans : ainsi le Vésuve fit sa première éruption un siècle après Jésus-Christ, et ensevelit sous la cendre la ville de Pompéi, et sous la lave celle d'Herculanum. Il y a peu d'années, une île s'est formée tout-à-coup dans la Méditerranée par l'éruption d'un volcan *sous-marin ;* depuis elle a disparu. Ces phénomènes sont souvent accompagnés de tremblements de terre.

43e LEÇON.

TREMBLEMENTS DE TERRE.

Quelquefois le sol sur lequel nous marchons s'agite, il tremble, il se fend ; des montagnes s'écroulent, des terrains s'élèvent ou s'affaissent ;

des rivières sortent de leur lit, la mer se précipite dans l'intérieur des terres ; et, au milieu de ce bouleversement, les maisons s'écroulent sur leurs habitants.

Mais ordinairement ces secousses ne sont pas aussi violentes ; elles ne durent que quelques instants. Dans ce cas, une grande étendue de pays est agitée comme une barque sur l'eau ; les cloisons des appartements craquent, les meubles se déplacent ou sont renversés.

On ne sait pas encore pourquoi la terre éprouve ces tremblements. Ce n'est pas la terre entière qui s'ébranle, mais seulement une portion de sa surface. C'est un affaissement ou un soulèvement du sol.

De toutes les contrées du globe, il n'y en a pas de plus souvent ravagée par les tremblements de terre que l'Amérique du sud, principalement dans le voisinage des *Andes*. Souvent des villes entières y ont été détruites de fond en comble. En Europe, l'an dix-sept cent cinquante-cinq, Lisbonne a été presque entièrement détruite par un tremblement de terre. Aux environs de Naples ces accidents sont fréquents ; la ville de Messine en Sicile en a été plusieurs fois victime. En France ils sont heureusement très-rares.

44ᵉ LEÇON.

L'EAU.

L'*eau* tombe de l'air sous forme de pluie ; elle passe à travers les fentes des rochers ; elle sort des montagnes, en sources plus ou moins abondantes; elle coule en ruisseaux à la surface du sol; ces ruisseaux se joignent et produisent les rivières et les fleuves, qui vont se jeter dans la mer. La *mer* est très-étendue, et si profonde, qu'en beaucoup d'endroits on n'en peut trouver le fond. L'eau en est salée : on ne peut la boire. Exposée au soleil, elle s'évapore et laisse un dépôt, le *sel*, qui sert à assaisonner nos aliments.

L'eau pure est la plus saine de toutes les boissons; elle est nécessaire à tous les animaux. Quand elle est trouble, on la clarifie en la filtrant à travers des morceaux de charbon, du sable, ou de certaines pierres poreuses. Elle contient de l'air que les poissons respirent.

Le froid fait *geler* l'eau, et la chaleur la transforme en *vapeur*.

45e LEÇON.

VAPEUR, ROSÉE, BROUILLARD, NUAGES, PLUIE, NEIGE ET GRELE.

L'eau qui se trouve dans un vase ouvert disparaît peu à peu. L'eau que contiennent les corps humides, l'eau des rivières et des mers, se dissipe aussi et devient invisible. Elle se transforme en *vapeur*.

Quand le temps se refroidit beaucoup, vers la fin des nuits d'été, la vapeur contenue dans l'air se dépose en gouttes à la surface des plantes, et produit la *rosée*.

Lorsqu'après un temps froid il vient à souffler un vent chaud, la vapeur que ce vent entraîne se dépose contre les murailles froides, et l'on dit, mais à tort, que ces murailles suent.

Le *brouillard* est encore la vapeur de l'air qui se forme en petites gouttes d'eau.

Les *nuages* ont aussi la même origine. Ils se soutiennent dans l'air tant que les gouttes sont très-petites ; mais, en grossissant, ces gouttes finissent par tomber en forme de *pluie*.

Quand ces gouttelettes se gèlent par le froid, elles tombent en *flocons de neige*.

Enfin si une grosse goutte se gèle, elle devient un *grêlon*. La grêle, en tombant, ravage les champs et détruit les récoltes ; car les grêlons, ordinairement de la grosseur d'une noisette, sont pourtant quelquefois gros comme des noix.

46e LEÇON.

LES PARATONNERRES.

Dans les temps d'orage, on voit souvent des nuages s'amonceler, et, au moment où ils s'approchent, des éclairs brillent, et le tonnerre gronde. Cet effet est produit par l'électricité qui passe d'un nuage à l'autre ou qui communique avec le sol.

L'électricité existe dans tous les corps. Si on approche d'un bâton de cire que l'on a frotté quelque temps, des corps légers, tels que des parties de barbe de plume ou de petits morceaux de papier, ils vont d'eux-mêmes s'appliquer contre le bâton de cire à cacheter. C'est de *l'électricité*. Franklin a fait voir que la foudre est de l'électricité qui tombe des nuages sur la terre. Pour le prouver, il lança dans les airs un cerf-volant pendant un jour d'orage : alors il vit de petites étincelles se produire à l'extrémité de la ficelle qui retenait ce cerf-volant. Depuis, au lieu de ces étincelles, on a obtenu de grandes flammes imitant l'éclair, et partant avec un bruit semblable à celui de la foudre.

Les accidents produits par la chute du tonnerre sont presque toujours déplorables. Le 11 juillet 1819, le tonnerre tomba sur l'église de Châteauneuf, village des Basses-Alpes. Trois coups se firent entendre avec la rapidité de l'éclair, et tous les assistants furent roulés hors de l'église. Un jeune enfant fut enlevé des bras de sa mère et porté six pas plus loin. Chacun eut un instant les jambes paralysées. Toutes les femmes, échevelées, offraient un spectacle affreux. L'église fut remplie d'une fumée noire et épaisse. On ne pouvait distinguer les objets qu'à la lueur des flammes des vêtements allumés par la foudre. Huit personnes restèrent sur la place. Une fille de 19 ans mourut le lendemain, en proie aux douleurs les plus horribles, à en juger par ses cris. Le nombre des blessés fut de 82. Tous les chiens qui étaient dans l'église furent trouvés morts. La croix du clocher fut plantée dans la fente d'un rocher voisin; la chaire fut écrasée. Un trou conduisait jusqu'à une écurie, où l'on trouva morts cinq moutons et une jument. Le prêtre qui officiait ne fut point blessé, sans doute à cause des ornements de soie qu'il portait, mais le curé fut grièvement blessé.

Rien n'est cependant plus facile que de se préserver de ces affreux accidents. Ils n'ont jamais lieu dans les endroits où l'on a soin de placer des paratonnerres.

Les *paratonnerres* sont de longues barres de fer que l'on dresse ordinairement sur les toits, et auxquelles on attache une tige ou corde de fer, qui vient s'enfoncer dans le sol ou dans un puits. Quand le tonnerre doit tomber, il frappe le paratonnerre, et il suit la corde de fer en épargnant les lieux voisins. On a aussi placé quelquefois des paratonnerres dans les champs.

Ordinairement le tonnerre frappe les lieux et les objets élevés. Pendant un orage, il ne faut donc pas se mettre sous les arbres. Il ne faut pas non plus sonner les cloches; cela ne sert qu'à exposer le sonneur aux coups de la foudre qui tombera de préférence sur le clocher.

ASTRONOMIE.

47e LEÇON.

La science qui s'occupe de la connaissance des astres s'appelle *astronomie*. Il ne faut pas confondre l'*astronome* avec l'*astrologue*; le premier est un savant, le second est un imposteur.

Les *astres*, ces points lumineux qu'on voit dans le ciel, sont des corps presque tous beaucoup plus gros que la terre, mais qui, par leur extrême éloignement, échappent presque à notre vue.

Le plus brillant est le *soleil*.

La *lune* paraît aussi grande que le soleil, mais elle répand bien moins de lumière, parce qu'elle réfléchit seulement celle qui lui vient du soleil.

Parmi les astres, on en distingue dix qui éprouvent un déplacement considérable. Ce sont les *planètes*. La terre aussi est une planète.

Toutes les *planètes* reçoivent du soleil la lumière dont elles brillent.

Les *étoiles* n'apparaissent que comme de petits points brillants. Il y en a une infinité.

Les étoiles sont autant de soleils que leur éloignement fait paraître très-petits. Elles sont immobiles.

Quoique la lumière parcoure soixante-dix mille lieues par seconde, cependant on présume que celle qui vient des étoiles qu'on suppose les plus voisines de la terre, met au-delà de trois ans à nous arriver.

Il y a une bande lumineuse et blanchâtre qui fait tout le tour du ciel ; elle se nomme *voie lactée*, ce qui veut dire *chemin de lait*. Elle résulte sans doute d'une multitude d'étoiles.

On voit aussi çà et là dans le ciel des taches blanches qu'on appelle *nébuleuses*.

De temps en temps on voit apparaître dans le ciel des astres accompagnés d'une queue plus ou moins longue : ce sont les *comètes*, qui n'effraient plus que les personnes ignorantes. On croit que les comètes reçoivent leur lumière du soleil.

48e LEÇON.

LE SOLEIL.

Le *soleil* paraît tourner chaque jour autour de la terre; mais c'est réellement la terre qui tourne.

Outre son mouvement de chaque jour, le soleil semble marcher du côté du levant, et faire ainsi le tour du monde en un an; mais c'est encore la terre qui tourne réellement.

Enfin, on voit le soleil faire un tour sur lui-même en vingt-cinq jours et demi; il nous présente alors ses diverses faces.

Le soleil est à plus de trente-quatre millions de lieues de la terre. Il est treize cent mille fois plus gros que notre globe.

La lumière qui nous vient du soleil emploie 8 minutes 13 secondes à franchir cette distance de 34 millions de lieues, ce qui fait 70 mille lieues par seconde. Le mouvement de la lumière est dix mille fois plus rapide que celui de la terre autour du soleil.

49e LEÇON.

LA LUNE.

La *lune* se lève et se couche tous les jours comme le soleil; mais son lever et son coucher se trouvent retardés chaque jour de quarante-huit minutes sur le lever et le coucher de la veille, et c'est ainsi que la lune fait le tour du

ciel en vingt-sept jours et un tiers, et revient à
la même position à l'égard du soleil en vingt-
neuf jours et demi.

Cette fois c'est bien la lune qui tourne autour
de la terre. La lumière qu'elle nous envoie lui
vient du soleil. Elle nous présente toujours la
même face qui est couverte de taches permanentes.
Jamais on n'a vu ni on ne verra l'autre côté de
cet astre.

Lorsque la lune se trouve entre le soleil et la
terre, nous ne pouvons la distinguer, parce que
la partie qu'elle tourne vers la terre n'étant pas
éclairée par le soleil, reste dans l'ombre : c'est
alors ce qu'on appelle la *nouvelle lune*. Bientôt elle s'éloigne de cette position, et le huitième
jour on la voit sous la forme d'un demi-cercle
parce que la moitié de la partie éclairée par le
soleil est tournée vers la terre : c'est le *premier
quartier*. Le quinzième jour, toute la partie de
la lune éclairée par le soleil fait face à la terre,
on la voit toute ronde : c'est la *pleine lune*. Enfin,
le vingt-deuxième jour, elle ne présente plus encore que la moitié de sa partie éclairée et reparaît
sous la forme d'un demi-cercle ou *croissant :*
c'est le *dernier quartier*.

Dans le premier quartier, les extrémités du croissant sont tournées vers l'est ; dans le second quartier, elles sont tournées vers l'ouest.

La lune est à quatre-vingt-six mille lieues de la
terre ; elle est quarante-neuf fois plus petite. On
y observe des vallons et des montagnes, comme
sur notre globe, mais il paraît qu'elle n'a point
d'atmosphère ; d'où l'on doit conjecturer qu'elle

ne peut être habitée par des êtres organisés
comme nous, puisque nous ne saurions vivre sans
air.

50ᵉ LEÇON.

LES ÉCLIPSES.

Nous avons vu que la lune revient chaque mois
près du soleil. Quand elle passe tout-à-fait devant
lui, elle nous le cache en tout ou en partie, ce
qui produit une *éclipse de soleil* totale ou par-
tielle. L'obscurité qui en résulte a toujours épou-
vanté les peuples ignorants; mais les nations ins-
truites envisagent ce phénomène comme très-naturel
et sans aucun danger pour la terre; les astronomes
peuvent le prédire longtemps d'avance sans se
tromper d'une seconde.

Quand la terre est placée entre le soleil et la
lune, celle-ci se trouve privée de lumière, et l'on
dit alors qu'il y a *éclipse de lune*. Des peuples sauvages s'imaginent que la lune se trouve en ce
moment attaquée et même dévorée par un dragon
ou par tout autre monstre fabuleux; ils font un
tapage effroyable pour épouvanter l'animal vorace
et lui faire lâcher prise.

Il est très-rare que le soleil soit entièrement
éclipsé par la lune; au contraire, les éclipses de
lune sont souvent totales.

NOTIONS

SUR LES SCIENCES.

—

51e LEÇON.

LES NOMBRES, LES LIGNES, LES SURFACES, ETC.

L'homme a profité de l'intelligence que lui a donnée son auteur pour étendre ses connaissances, et il est parvenu, par ce travail de l'esprit, à des résultats merveilleux. Avant de montrer, par quelques exemples, tout le parti qu'en a tiré son industrie, nous allons donner ici quelques principes des sciences sur lesquelles reposent presque toutes ses découvertes dans les arts, et principalement dans l'astronomie.

LES NOMBRES ET LES CHIFFRES ARABES.

Un 1, deux 2, trois 3, quatre 4, cinq 5, six 6, sept 7, huit 8, neuf 9, dix 10, onze 11, douze 12, treize 13, quatorze 14, quinze 15, seize 16, dix-sept 17, dix-huit 18, dix-neuf 19, vingt 20, vingt et un 21, vingt-

deux 22, vingt-trois 23, vingt-quatre 24,
vingt-cinq 25, vingt-six 26, vingt-sept 27,
vingt-huit 28, vingt-neuf 29, etc.

Dix et dix font vingt......... 20
Vingt et dix font trente....... 30
Trente et dix font quarante.... 40
Quarante et dix font cinquante. 50
Cinquante et dix font soixante. 60
Soixante et dix font soixante-dix. 70
Soixante-dix et dix font quatre-
vingt...................... 80
Quatre-vingt et dix font quatre-
vingt-dix.................. 90
Quatre-vingt-dix et dix font cent 100
Dix fois dix font cent....,.... 100
Dix fois cent font mille........ 1000
Mille fois mille font un million... 1000000

Un demi $\frac{1}{2}$, un tiers $\frac{1}{3}$, deux tiers $\frac{2}{3}$, un
quart $\frac{1}{4}$, trois quarts $\frac{3}{4}$ s'appellent des frac-
tions de l'unité.

52e LEÇON.

EXERCICES SUR LES NOMBRES.

	Population.		Population.
Paris. . . .	890,431	St.-Étienne.	30,615
Lyon. . . .	145,675	Toulon. . .	30,171
Marseille. .	115,943	Clermont. .	30,010
Bordeaux. .	93,549	Angers. . .	29,978
Rouen. . .	90,000	Versailles. .	29,701
Nantes. . . .	71,730	Rennes. . .	29,377
Lille.	69,860	Nancy. . . .	29,122
Toulouse. .	53,319	Besançon. .	28,795
Strasbourg..	49,708	Brest. . . .	26,655
Metz. . . .	45,276	Limoges. . .	25,600
Amiens. . .	42,032	Troyes. . . .	25,000
Orléans. . .	40,346	Montauban.	25,000
Nîmes. . . .	39,068	Dunkerque.	24,500
Caen. . . .	38,161	Dijon. . . .	24,000
Montpellier.	35,842	Aix.	23,000
Rheims. . .	34,862	Grenoble. .	22,000
Avignon. . .	31,180	Tours. . . .	22,000

53e LEÇON.

LES CHIFFRES ROMAINS.

La lettre I représente *un*,
La lettre V représente *cinq*,
La lettre X représente *dix*,
La lettre L représente *cinquante*,
La lettre C représente *cent*,
La lettre D représente *cinq cents*,
La lettre M représente *mille*,

Ainsi, on écrit : un I, deux II, trois III, cinq V, six VI, sept VII, huit VIII, dix X, onze XI, douze XII, treize XIII, quinze XV, seize XVI, dix-sept XVII, dix-huit XVIII, vingt XX, vingt-et-un XXI, etc.

Mil huit cent trente trois MDCCCXXXIII.

La même lettre ne se met pas quatre fois de suite. Alors on écrit :

IV   pour *quatre*, au lieu de IIII,
IX   pour *neuf*, au lieu de VIIII,
XIV pour *quatorze*, au lieu de XIIII,
XIX pour *dix-neuf*, au lieu de XVIIII
XL   pour *quarante*, au lieu de XXXX,
XC   pour *quatre-vingt-dix*, au lieu de
       LXXXX,
CD   pour *quatre cent*, au lieu de CCCC,
CM   pour *neuf cent*, au lieu de DCCCC,

54e LEÇON.

LES CALCULS.

Il est nécessaire de s'exercer à faire des *additions*, en disant, par exemple : 3 et 2 font 5, 5 et 4 font 9, etc.; ensuite on fait des *soustractions*, en disant : 9 moins 4 donne 5, etc. Enfin, les *multiplications* et les *divisions* se font au moyen de la table suivante, qu'il faut apprendre par cœur :

2 fois 2 font 4	4 fois 7 font 28
2 fois 3 font 6	4 fois 8 font 32
2 fois 4 font 8	4 fois 9 font 36
2 fois 5 font 10	5 fois 5 font 25
2 fois 6 font 12	5 fois 6 font 30
2 fois 7 font 14	5 fois 7 font 35
2 fois 8 font 16	5 fois 8 font 40
2 fois 9 font 18	5 fois 9 font 45
3 fois 3 font 9	6 fois 6 font 36
3 fois 4 font 12	6 fois 7 font 42
3 fois 5 font 15	6 fois 8 font 48
3 fois 6 font 18	6 fois 9 font 54
3 fois 7 font 21	7 fois 7 font 49
3 fois 8 font 24	7 fois 8 font 56
3 fois 9 font 27	7 fois 9 font 63
4 fois 4 font 16	8 fois 8 font 64
4 fois 5 font 20	8 fois 9 font 72
4 fois 6 font 24	9 fois 9 font 81

55e LEÇON.

LES LIGNES.

On trace les *lignes droites* avec une règle. En pliant une feuille de papier en deux, le pli forme une ligne droite.

Deux lignes droites qui se rencontrent forment un *angle*. On trace les angles droits avec une équerre. . . . . ⌐

Quand on plie avec soin une feuille de papier en quatre, les deux plis forment un angle droit, qui sert d'équerre.

Il faut trois lignes droites pour faire un *triangle*............................... △

Un *carré* est composé de quatre lignes droites égales, formant quatre angles droits.. □

Un *rectangle* a 2 grands côtés et 2 petits, et les 4 angles-droits.................. ▭

On trace les *cercles* avec le compas. Le contour s'appelle *circonférence*. Le milieu s'appelle *centre*. Un *rayon* va droit du centre à la circonférence. Un *diamètre* se compose de deux rayons en ligne droite.......... ⊕

L'*ovale* est un cercle allongé, que les jardiniers tracent avec une corde attachée par ses bouts à deux piquets............... ⬭

56e LEÇON.

LES SURFACES ET LES VOLUMES.

Une surface bien unie, comme celle de l'eau tranquille, s'appelle *plan*.

La surface de l'eau est *horizontale*..... —

Un fil à plomb est *vertical*........... |

La *longueur* et la *largeur* d'un mur sont horizontales, et sa *hauteur* est verticale.

Pour qu'une surface soit plane, il faut qu'on puisse y appliquer une règle partout et exactement.

Un corps formé par six faces carrées, comme un dé à jouer, s'appelle *cube*..... ▱

Un corps qui va en pointe, comme le toit d'un clocher carré, s'appelle *pyramide*. Les fameuses pyramides d'Egypte ont quatre faces triangulaires, sans compter le carré qui sert de base...................................▲

Un corps qui est rond et en pointe, comme un cornet ou un pain de sucre, s'appelle *cône*.................................▲

Un *cylindre* est un corps long et rond, comme un rouleau de papier, ou comme un tonneau....................................▬

Une *sphère* est un corps rond en tous sens comme une boule........................◉

A l'aide de ces connaissances, l'homme a pu régler l'emploi de son temps par des divisions exactes de la durée ; il a pu établir des mesures, des poids, des monnaies uniformes pour la commodité des échanges et du commerce ; enfin il a pu augmenter sa force par l'usage des machines.

57e LEÇON.

LES DIVISIONS DU TEMPS.

Le jour a 24 heures. L'heure a 60 minutes. La minute a 60 secondes.

L'année 1832 se composait de 366 jours. Il en sera de même de 4 en 4 ans : c'est-à-dire que les années 1836, 1840, 1844, 1848, etc., auront chacune 366 jours. Mais les autres années auront un jour de moins. Une année de 366 jours s'appelle *bissextile*.

Une année se partage en douze mois : Janvier, Février, Mars, Avril, Mai, Juin, Juillet, Août, Septembre, Octobre, Novembre, Décembre.

Janvier, Mars, Mai, Juillet, Août, Octobre, Décembre, ont chacun 31 jours. Avril, Juin, Septembre et Novembre ont chacun 30 jours. Février a 29 jours toutes les années bissextiles; il n'en a que 28 les autres années.

Il y a quatre saisons dans l'année : Le *printemps* commence le 21 Mars; l'*été*, le 21 Juin, jour le plus long; l'*automne*, le 21 Septembre; et l'*hiver*, le 21 Décembre, jour le plus court.

Cent ans forment un *siècle*.

58e LEÇON.

LES ANCIENNES MESURES.

Les longueurs se mesuraient en toises, pieds, pouces et lignes.

La toise = * 6 pieds,
Le pied = 12 pouces,
Le pouce = 12 lignes.

Les étoffes se mesuraient avec l'*aune*; celle de Paris vaut 3 pieds 7 pouces 11 lignes.

Les terrains se mesuraient en *arpents*; l'*arpent de Paris* est un carré de 180 pieds de longueur et de largeur; l'*arpent des eaux et forêts* est un carré de 220 pieds.

La livre servait de poids.

Le quintal = 100 livres,
La livre = 16 onces,
L'once = 8 gros,
Le gros = 72 grains.

La monnaie se comptait par livres, sous, liards et deniers.

---

* Le signe = veut dire *égale*.

La livre vaut 20 sous,

Le sou   vaut   4 liards,

Le liard vaut   3 deniers.

Toutes ces mesures ont été remplacées par les suivantes.

59e LEÇON.

LES NOUVELLES MESURES.

On mesure les longueurs avec le *mètre*. Le *décimètre* est dix fois plus petit que le mètre. Le *centimètre* est cent fois plus petit. Le *millimètre* est mille fois plus petit.

Le mètre vaut environ trois pieds et onze lignes, ancienne mesure. Les hommes très-grands ont presque deux mètres de hauteur. Un décimètre est comme la largeur de la main d'un homme. Un centimètre est comme la moitié de la largeur d'un doigt; le voici, divisé en dix millimètres. . . . . |||||||||||

Dix mètres font un *décamètre;* cent mètres, un *hectomètre;* mille mètres, un *kilomètre;* dix mille mètres, un *myriamètre.*

Un *are* est un carré qui a dix mètres de côté, il équivaut à 100 mètres carrés.

L'étendue des terrains s'exprime en ares, en hectares. 100 ares forment un *hectare.*

Les bûches à brûler ont un mètre de longueur. En les entassant sur un mètre de largeur et de hauteur, on obtient un *stère.*

Une boîte en forme de cube, ayant un décimètre de côté, s'appelle *litre.*

60e LEÇON.

LES POIDS ET LA MONNAIE.

Un *gramme* est le poids de l'eau contenue dans

un cube d'un centimètre de côté. Un dé à coudre en renfermerait quatre.

Un litre d'eau pèse mille grammes, ou un *ki-logramme* ou deux livres.

La nouvelle monnaie se compte par *francs*, et par *centimes*, qui sont des centièmes de franc. Vingt sous font un franc, et un sou vaut cinq centimes.

La nouvelle monnaie comprend des pièces d'or de 40 francs et de 20 francs; des pièces d'argent de 5 francs, de 2 francs, de 1 franc, de $\frac{1}{2}$ franc ou 50 centimes, et de $\frac{1}{4}$ de franc ou 25 centimes. Toutes ces pièces contiennent une quantité de cuivre égale à la dixième partie de leur poids. Un franc, en argent, pèse 5 grammes; cent francs pèsent 500 grammes, ou un demi-kilogramme, ou une livre.

NOTIONS INDUSTRIELLES.

61ᵉ LEÇON.

MACHINES SIMPLES.

Il est rare que l'homme n'appelle pas d'autres forces au secours des siennes.

Les forces que l'on met à profit dans les arts, sont celles de l'homme et des animaux, le poids des corps, le courant des eaux, le vent, la vapeur d'eau.

On a reconnu que, pour certains travaux, la force d'un cheval équivaut à celle de sept hommes.

Voici les principaux instruments ou les *ma-chines* dont on fait usage.

Le *levier* est une barre de bois ou de fer, au moyen de laquelle un homme peut remuer de grosses masses avec l'effort de ses bras. (Pl. 1, fig. 2)

Une *balance* à peser est formée d'un levier ou fléau, qui repose sur son milieu, et soutient à ses bouts deux plateaux suspendus. (Fig. 3.)

Au lieu de soulever directement une grosse masse, il est plus facile de la faire monter le long d'une planche inclinée. Cette planche est alors un *plan incliné*. (Fig. 4.)

Pour fendre le bois, on est parfois obligé de se servir d'un *coin*, qui est un morceau de bois ou de fer, taillé en forme de hache, et sur la tête duquel on frappe fortement avec un marteau.

62e LEÇON.

SUITE DES MACHINES SIMPLES.

Une *vis* est un cylindre qui porte des raies, lesquelles vont en tournant comme une ficelle enroulée. On se sert de la vis pour serrer. (Fig. 7.)

Une *poulie* est une espèce de roue qui tourne sur un *axe* ou *essieu* passant par son centre. Le contour de la poulie est creusé de manière à recevoir une corde. En tirant cette corde par un bout, on fait avancer un fardeau attaché à l'autre bout. (Fig. 5.)

Un *moufle* est formé de plusieurs poulies, embrochées sur deux axes. Une corde passe sur toutes ces poulies, et donne beaucoup de force pour soulever les fardeaux. (Fig. 8.)

Un *treuil* est un cylindre sur lequel s'enroule une corde, et que l'on fait tourner avec une espèce de bras appelé *manivelle*. Alors la corde s'enroule ou se déroule, selon qu'on fait monter ou descendre un corps attaché à son extrémité. (Fig. 6.)

C'est par la réunion des machines simples qu'on fait les machines composées, comme les pendules et les montres, les moulins, les métiers à filer, à tisser, les machines à vapeur, etc. Au moyen de ces machines, l'homme facilite ses travaux les plus pénibles.

63ᵉ LEÇON.

MACHINES COMPOSÉES.

Les machines sont un bienfait pour l'homme. En multipliant ses forces, qu'elles remplacent souvent totalement, elles lui procurent plus de loisir et plus d'aisance. Voilà pourquoi les pays civilisés sont ceux où il y a le plus grand nombre de machines, et par conséquent le plus d'aisance en général. Car, bien qu'en apparence les machines paraissent retirer du travail aux bras, elles multiplient cependant les produits à un tel point, qu'en définitive il résulte pour tous une aisance infiniment plus grande. En Turquie, par exemple, et dans une grande partie de la Russie, il n'y a pas de machines; aussi les hommes ont-ils à peine des vêtements pour se couvrir, et ils sont privés de presque toutes les aisances de la vie dont jouit chez nous le moindre paysan. La machine à vapeur inventée depuis peu de temps par Watt produit surtout les plus grands et les plus heureux résultats; elle s'emploie aussi bien pour filer les aiguilles que pour forger les ancres des plus gros vaisseaux.

En Angleterre, les machines sont tellement multipliées, qu'elles font maintenant le travail de plus de six millions d'hommes.   6*

64e LEÇON.

SUITE DES MACHINES COMPOSÉES.

L'eau, réduite en vapeur, lorsqu'elle est fortement chauffée, acquiert une force d'autant plus considérable que la chaleur est plus grande. Si une marmite était parfaitement fermée par son couvercle, quelque fût le poids que l'on mettrait dessus, l'eau renfermée dans la marmite se changeant en vapeur, soulèverait ce couvercle, ou bien les parois du vase éclateraient. Un canon du plus gros calibre rempli d'eau, que l'on ferait fortement chauffer, lancerait un boulet avec autant de force que pourrait le faire de la poudre, ou bien il éclaterait s'il était trop fortement bouché.

C'est à l'observation de ce fait qu'est due l'invention de la machine à vapeur, qui sert maintenant à faire marcher rapidement les vaisseaux sur la mer ou les bateaux sur les rivières, à traîner les voitures sur des routes en fer avec une vitesse bien supérieure à celle d'un cheval au galop.

Appliquées aux diverses industries, les machines aident l'homme à filer le coton ou la laine, et à rendre les tissus si communs et d'un prix si peu élevé que maintenant presque tout le monde porte des bas et de bons vêtements qu'autrefois les gens très-riches portaient seuls.

C'est ainsi que l'homme a tourné tout à son avantage dans la nature, même les poisons, dont la médecine fait dans certains cas des remèdes utiles. Nous allons passer en revue un certain nombre de ces heureux résultats auxquels l'industrie humaine est successivement parvenue.

65ᵉ LEÇON.

LES TISSUS.

La *corde*, la *ficelle* et le *fil* se font avec l'écorce du chanvre.

La *toile* ordinaire se fait avec du fil de chanvre ou de lin.

Le *coton* est produit par des arbrisseaux. On le file pour faire la percale et le calicot.

La *laine* que fournissent les moutons sert à fabriquer le drap, les couvertures de lit et les tapis.

La *soie* est produite par de petits vers ou chenilles, qui se changent en chrysalides et se transforment en papillons blancs; la coque de la chrysalide est la soie que l'on dévide.

66ᵉ LEÇON.

LE PAPIER, LES CRAYONS, L'ENCRE, ETC.

Les feuilles de papier se font avec de vieux chiffons de toile pourris, broyés, réduits en pâte, étendus sur une sorte de tamis, puis serrés entre des morceaux de gros drap.

Le carton se fait avec le rebut des chiffons, auquel on ajoute des chiffons de laine et même de la terre.

L'encre à écrire est formée avec le *vitriol de fer*, la *noix de galle*, le *bois de Campêche*, la *gomme* et l'*eau*. L'encre à imprimer est faite de noir de fumée, broyé avec de l'huile épaissie par la cuisson.

Les plumes d'oies et de corbeaux servent à écrire. On les dégraisse avec de la cendre chaude.

Les crayons de bois, appelés improprement *crayons de mine de plomb*, sont un composé de charbon uni à un peu de fer. Les crayons noirs sont faits avec du noir de fumée et de la terre argileuse. Les crayons rouges avec de l'*ocre*. La craie, lavée pour la débarrasser du sable, fait les crayons blancs.

Nous faisons les *couleurs* avec certaines terres broyées, et au moyen de certaines plantes que l'on chauffe dans des cuves avec de l'eau.

Un insecte du Mexique, la *cochenille*, que l'on fait mourir dans l'eau bouillante, nous donne le *carmin;* c'est le plus beau rouge que l'on connaisse. Le *kermès* est aussi un insecte qui nous donne une belle couleur rouge tirant sur le violet.

Le drap se teint en bleu par l'*indigo*, couleur extraite des feuilles d'une *plante* que l'on cultive surtout en Amérique. La soie prend une plus belle couleur par le bleu de *Prusse*.

Le drap se teint en écarlate au moyen de la *cochenille*. Le rouge ordinaire s'obtient avec la racine de *garance*.

Le *bois de Brésil* donne du rouge.

Le *bois d'Inde* et l'*orseille* donnent du violet.

Le jaune se fait avec la *gaude* et le *quercitron*.

Le noir se produit avec les sels de fer, la noix de galle et le bois de Campêche.

67e LEÇON.

LES TÉLÉGRAPHES.

On est redevable à Chappe du système actuel des télégraphes.

La correspondance par signaux était connue des anciens; mais ce qui distingue nos télégraphes actuels, c'est que par leurs combinaisons ils forment les caractères d'un langage complet, et permettent d'annoncer des nouvelles fort compliquées.

Les avis parviennent de Calais à Paris (soixante-huit lieues) en trois minutes, par trente-trois télégraphes; de Brest à Paris (cent quarante-quatre lieues) en huit minutes, par cinquante-quatre télégraphes, etc.

Un télégraphe est une mécanique élevée de distance en distance sur les principales routes de France, et destinée à transmettre au gouvernement, par des signaux convenus, les nouvelles urgentes.

68e LEÇON.

LES CHEMINS DE FER.

Les chemins de fer ont été exécutés pour la pre-première fois en Angleterre, en 1824.

Les chemins de fer ne sont pas des routes pavées en fer; ce sont de simples bandes de fer, nommées en anglais *rails*, soutenues de distance en distance par des dés en pierre, et éloignées l'une de l'autre de la largeur des chariots.

Ces chariots ont des roues en fer qui s'emboîtent exactement dans les rails, et roulent avec une facilité surprenante, en sorte qu'un homme seul fait marcher un chariot pesamment chargé, et qu'un cheval traîne huit ou dix de ces chariots attachés ensemble. Ils peuvent aussi être mis en mouvement par des machines à vapeur. Une seule de ces machines peut faire mouvoir jusqu'à trente chariots chargés chacun de 1000 kilogrammes. Des voitures remplies de voyageurs peuvent faire jusqu'à dix lieues par heure. Sur ces chariots on transporte maintenant avec promptitude et économie les bœufs, les cochons, les moutons, la volaille, etc. Les chemins de fer doivent être disposés sur un terrain aussi uni qu'il est possible.

Les trois chemins de fer que nous avons aujourd'hui en France vont de Lyon à St-Etienne, de St-Etienne à Andrezieux, et d'Andrezieux à Roanne : ils sont destinés surtout à transporter les produits des riches houillères de St-Etienne et Rives-de-Gier vers le centre et le nord de la France.

ANECDOTE (1).

—

69e LEÇON.

PRAIRIES ARTIFICIELLES.

Franklin n'était pas seulement l'un des savants les plus distingués de son siècle ; c'était encore un homme de bien, sans cesse occupé du soin d'enrichir son pays des meilleures institutions, et des procédés agricoles et industriels les plus économiques. Né en 1706, à Boston, dans les Etats-Unis d'Amérique, il rendit d'immenses services à cette partie du Nouveau-Monde : aussi sa mémoire y est-elle en vénération, et l'Amérique tout entière s'honore-t-elle d'avoir donné le jour à un homme si éminent en savoir et en bonté.

Franklin aimait surtout à faire des expériences qui promettaient d'utiles applications : il venait de se convaincre qu'en plâtrant les prairies artificielles, comme on le faisait en Europe, elles donnaient des récoltes beaucoup plus abondantes

---

(1) Cette anecdote a été racontée à l'auteur de l'article par un des amis de Franklin.

que par les procédés ordinaires. Loin de garder
pour lui ce nouveau mode de culture, il s'était hâté
de le publier, il le racontait même à qui voulait
l'entendre, et se flattait de l'espérance de le voir
promptement adopter, heureux d'augmenter le
bien-être de tous ceux qui l'entouraient. — «Voyez,
disait-il à ses voisins, comme mes champs de luzerne et de trèfle sont beaux; il ne tient qu'à vous
d'en avoir de pareils; faites de même, vous dou-
blerez vos produits. »

Mais ces voisins, malgré la confiance qu'il leur
inspirait, ne pouvaient croire qu'un peu de poussière de plâtre, semée sur les feuilles naissantes
du trèfle et de la luzerne, fût capable de produire
des effets si surprenants; ils les attribuaient unique-
ment à la fécondité du sol. Rien ne pouvait vaincre
leur indifférence ou leur incrédulité.

70e LEÇON.

Tout autre que Franklin eût renoncé à son
projet : lui, au contraire, s'y attacha plus que
jamais. Faire du bien à ses semblables, et leur
en faire même malgré eux, était un problème
qu'il voulait résoudre, et qu'il résolut en effet.
Il imagina de tracer dans la pièce de luzerne
d'un des plus incrédules, au moment de la première pousse des feuilles, de grandes lettres avec
du plâtre en poudre. Bientôt l'herbe poussa en
cet endroit plus qu'à côté, et produisit des touffes
régulières et élevées que l'œil distinguait aisément, et qui permettaient de lire ces mots : *Effets
du plâtre.* A l'indifférence succéda la plus vive
curiosité. De toutes parts on vint voir les lettres
merveilleuses qui s'étaient développées d'elles-
mêmes au milieu du champ; on voulut répé-

ter l'expérience, elle eut un plein succès, et dès-lors l'usage de plâtrer les prairies artificielles se répandit rapidement dans la contrée.

71e LEÇON.

EMPANSEMENT OU MÉTÉORISATION.

Maintenant que l'utilité des prairies artificielles, bien appréciée partout, les a fait multiplier en France, il est bon de prévenir les habitants des campagnes contre l'inconvénient d'y laisser paître les bestiaux quand l'herbe en est mouillée par la pluie ou couverte de rosée. Les bœufs, les vaches, les chevaux et les moutons sont alors atteints en peu de temps d'une maladie qu'on appelle *empansement* ou *météorisation;* ils enflent au point de ne plus pouvoir marcher : bientôt ils tombent et périssent. On a vu des troupeaux de vaches périr ainsi tout entiers en moins de deux heures.

L'empansement est dû à la formation d'une grande quantité de gaz qui gonfle l'animal comme une vessie dans laquelle on soufflerait de l'air.

Mais il est contre cette maladie un remède dont on ne saurait trop répandre la connaissance : c'est de faire avaler à l'animal un grand verre d'eau auquel on aura mêlé une cuillerée *d'ammoniaque* ou *alcali volatil*, si c'est une vache ou un bœuf; le quart de cette dose suffira pour un mouton. Presque aussitôt que le remède est administré, on voit l'animal désenfler.

L'ammoniaque est un liquide dont l'odeur est très-forte, et qui se vend chez tous les pharmaciens. On doit le conserver à la cave dans un flacon bien bouché.

FIN.

PETITE BIBLIOTHÈQUE

DES ÉCOLES PRIMAIRES.

1re SÉRIE : 10 VOLUMES IN-18 DE 36 PAGES.

Alphabet des Écoles primaires.
Petite Histoire sainte.
Modèles des cinq genres d'écriture.
Premières notions de grammaire.
Premières notions de calcul.
Petite Géographie de la France.
Les Rois de France.
Petite Histoire ancienne.
Petite Histoire romaine.
Petite Histoire moderne.

Chaque vol. : Prix, broché, 10 c.; cartonné, 15 c.

2e SÉRIE : 10 VOLUMES IN-18 de 72 PAGES.

Premier Livre de lecture.
Petite Civilité chrétienne.
Petit Livre de prières.
Premières connaissances.
Éléments de chronologie.
Récit des prix Montyon.
Petite Mythologie en deux parties.
OEuvres choisies de Franklin.
Petite Morale en action.
Histoires tirées de la Bible et de l'Évangile.

Chaque vol. : Prix, broché, 20 c.; cartonné, 25 c.

www.ingramcontent.com/pod-product-compliance
Lightning Source LLC
Chambersburg PA
CBHW060622100426
42744CB00008B/1473